WORKBOOK/LABORATORY MANUAL

NUEVAS DIMENSIONES

SECOND EDITION

ANGELA LABARCA
Georgia Institute of Technology

JAMES M. HENDRICKSON

ELMER RODRÍGUEZ
Georgia Institute of Technology

HH Heinle & Heinle Publishers
A Division of Wadsworth, Inc.
Boston, Massachusetts 02116 USA

Este cuaderno de trabajo pertenece a:

________________________________ Sección: ____________

Nombre   Apellido paterno   Apellido materno

Residencia universitaria: ________________________

Dirección: ________________________________

Calle   Número   Ciudad   Teléfono

Nombre del profesor: ________________________

Oficina: ________________ Teléfono: ____________

Horas de atención de alumnos: ________________________

Heinle & Heinle is a division of Wadsworth, Inc.

Manufactured in the United States of America.

ISBN 0-8384-2334-5

10 9 8 7 6 5 4 3 2 1

CONTENTS

Nombre: ______________________ Fecha: __________

CAPÍTULO 1
Hacer amigos es tan fácil

Actividades orales

ASÍ SE DICE

Cómo hacer preguntas

A. Para hacer preguntas. Una parte muy importante de cualquier conversación es saber hacer preguntas interesantes. En español, y también en inglés, hay dos entonaciones básicas para hacer preguntas: *entonación ascendente (rising)* y *entonación descendente (falling)*.

Entonación ascendente: Esta es la manera más fácil de hacer preguntas, porque la voz va hacia *arriba* al final.

↗
¿Tienes tus libros para esta clase?

Escuche Ud. los siguientes ejemplos y después repita durante la pausa.

1. *Oraciones comunes que se transforman en preguntas*

   ¿Vas a tomar cálculo el otro semestre? ↗

   ¿Tienes mucho trabajo en física? ↗

   ¿Quieres tomar español conmigo este verano? ↗

2. *Oraciones comunes con una pregunta de confirmación*

   Me puedes prestar tu cuaderno ahora ↘, ¿no? ↗

   Estás trabajando con la calculadora nueva ↘, ¿verdad? ↗

   Tú llevas los libros de sociología ↘, ¿ya? ↗

3. *Preguntas en que cambia el orden de las palabras*

   ¿Vive usted cerca de la universidad, señor Jones? ↗

   ¿Dónde están las residencias de los estudiantes graduados? ↗

   ¿Prefieres vivir en las residencias o en la casa de la fraternidad? ↗

B. **¡Ahora le toca a Ud.!** Ahora pregúntele a un amigo hispano sobre sus actividades diarias. Siga el modelo y use preguntas con entonación ascendente (hacia arriba).

EJEMPLO: Ask if he is going to study physics.
Usted dice: *¿Vas a tomar física?*
Él dice: *No, porque es muy difícil.*

Ask...

1. if he is going to take calculus next semester.
2. if he lives in a residence hall.
3. if he studies Spanish.
4. if he has labs every week.
5. if he does any sports.
6. if he wants to come to your party this Friday.

Entonación descendente: Hay muchas preguntas que empiezan con una palabra interrogativa. En estas preguntas la voz generalmente va hacia *abajo* al final.

C. **Para hacer preguntas con entonación descendente.** Escuche Ud. cada ejemplo y después repita durante la pausa.

1. ¿**Cómo** te llamas?
2. ¿**De dónde** eres?
3. ¿**Quién** es tu profesor de física?
4. ¿**En qué** residencia o edificio vives?
5. ¿**En qué** año estás?
6. ¿**Cuándo** es tu cumpleaños?

D. **¡Ahora le toca a Ud.!** Imagínese que Ud. conoce a una chica hispana en la universidad. ¿Qué preguntas puede hacerle para conocerla mejor? Siga el modelo y haga preguntas con entonación descendente (hacia abajo).

EJEMPLO: Ask where she studies.
Ud. dice: *¿Dónde estudias?*
Ella dice: *En la Universidad Nacional*

Ask...

1. what her name is.
2. where she is from.
3. when she arrived.
4. what she studies.
5. where she lives.
6. how old she is.

¿CÓMO SE DICE?

Cómo saludar, presentarse y presentar a otra persona

A. ¡Mucho gusto! Aquí están tres estudiantes universitarios que se conocen por primera vez en una fiesta. Escriba sus nombres para identificar quiénes son.

Judy Woods

Víctor Gutiérrez García Oscar Montes Rojo

Cómo conversar sobre estudios y carreras

B. Nuevos amigos. Escuche la siguiente conversación, luego indique la alternativa más lógica según lo que Ud. comprendió.

Es el primer día de inscripción de cursos y hay muchos alumnos en una fiesta en el centro estudiantil de la Universidad Complutense de Madrid.

1. Parece que en la Universidad Complutense hay ____.
   a. muy pocos profesores
   b. estudiantes y sus padres
   c. sólo estudiantes hispanos
   d. estudiantes españoles y extranjeros

2. Judy quiere estudiar ____.
   a. tecnología médica
   b. ingeniería civil
   c. algo con matemáticas
   d. español y matemáticas

3. Judy vive en ____.
   a. una residencia
   b. un apartamento
   c. una casa de familia
   d. la capital de Aragón

4. Los dos jóvenes están hablando ____.
   a. en una fiesta
   b. con una familia
   c. en una residencia
   d. con otros dos jóvenes

5. Los dos chicos ____.
   a. se conocen muy bien
   b. son de la misma universidad
   c. son amigos de los Estados Unidos
   d. son estudiantes norteamericanos

Cómo conversar con otra persona

C. **¿Y tú, qué dices?** Ahora Ud. va a conocer por teléfono a una española que lo (la) llama desde Madrid. Ella le va a hablar un poco de sus actividades y después va a hacerle algunas preguntas. Escuche, luego conteste las preguntas durante las pausas. *(4 preguntas)*

PERSPECTIVAS AUTÉNTICAS

A. **Escuchemos la Radio Exterior de España.** Escuche las noticias de la radio y trate de apuntar (escribir) las ideas más importantes en las líneas que siguen. Después de escuchar las noticias dos veces, conteste las preguntas que siguen.

____

____

____

____

____

____

____

____

____

____

____

1. El ministro de Educación anunció ____.
   a. nuevas carreras de seis años
   b. grandes cambios en la universidad española
   c. la creación de varias facultades nuevas

2. La reforma empieza ____.
   a. en septiembre
   b. en octubre
   c. con los alumnos antiguos

Nombre: ______________________ Fecha: ____________

3. La radio no nombró esta nueva carrera: ___.
   a. criminología
   b. óptica y optometría
   c. comunicación e información

4. La mayoría de los alumnos estudian ___.
   a. carreras tradicionales
   b. carreras nuevas
   c. derecho

5. Esta reforma es necesaria porque ___ .
   a. la universidad española es aburrida
   b. no hay suficientes carreras
   c. los alumnos son bastante pobres

Datos tomados de Cambio16, *Nº 816, del 20 de julio de 1987, págs. 36-37.*

EN POCAS PALABRAS

Cómo hablar de sí mismo(a)

A. ¡Tengo demasiado trabajo! Ud. va a escuchar las quejas de tres estudiantes que están empezando sus estudios universitarios. Anote las actividades de cada uno según el ejemplo.

EJEMPLO: Me llamo Luis Andrés Soto Retamal y estoy en el primer año de la carrera de economía. Todos los días asisto a clases y también voy a reuniones con los profesores ayudantes. Hago mis tareas de computación y trabajo en un terminal por horas hasta que todo sale bien. Nunca puedo salir ni conversar con nadie. ¡Tengo demasiado trabajo!

1. Nombre: Luis Andrés Soto Retamal

   Carrera: economía

   Actividades: asiste a clases, va a reuniones con los ayudantes, hace tareas de computación, trabaja en un terminal por horas, nunca sale.

2. Nombre: María Pas Fernando Trarrezo

   Carrera: enfamaría

   Actividades: trabaja con niños estudía biología, nunca deportes

3. Nombre: María de los Angeles Bulas Savedra

Carrera: ______

Actividades: siencia, trabajo en el labratorio, voy a bailes, voy a la clase de la mañana, nunca tengo tiempo

4. Nombre: Rodrigo Sanchez Mara

Carrera: estudio geografía

Actividades: vamos al la ciera, en el club, no me gusta los animales (collection) estudios los montañas, me gusta los plantes

Cómo decir que no, nada, nunca

B. ¡Qué limonada ni qué limonada! Imagínese que Ud. está muy cansado(a) hoy y que no quiere saber nada de nada. Cuando su hermana le ofrezca algo, diga que no quiere nada, como en el ejemplo. *(5 preguntas)*

EJEMPLO: Su hermana: *¿Quieres un poco de limonada?*
Usted dice: *No quiero nada (de nada).*
o
No quiero ninguna cosa.

Sugerencias:
No quiero ninguna cosa.
No quiero nada (de nada).
No quiero ir a ninguna parte.

Cómo decir que no a una invitación

C. Puras excusas. Imagínese que Ud. tiene que estudiar para una prueba y que por eso no puede salir con sus amigos. Invente varias excusas como en el ejemplo. *(6 preguntas)*

EJEMPLO: Una amiga: *¿Por qué no vamos a la tienda ahora?*
Usted: *Fíjate que no puedo; estoy comiendo.*

Cómo hablar de sí mismo(a)

D. Conversación por teléfono. Imagínese que Ud. conoció a una estudiante hispana en su universidad o politécnico y que ahora ella lo (la) llama a Ud. por teléfono. Ella va a hacerle unas preguntas para conocerlo(la) mejor. Conteste las preguntas en las pausas indicadas. *(5 preguntas)*

Nombre: ______________________________ Fecha: ______________

¡A DIVERTIRNOS MÁS!

A. Malas noticias. Escuche estas malas noticias en la radio. Los estudiantes de la escuela secundaria han estado protestando por la educación en España, pero ahora salieron a la calle y han tenido un problema con la policía. Trate de anotar las ideas más importantes. Después de escuchar las noticias dos veces, diga si las siguientes frases son verdaderas (V) o falsas (F) según lo que escuchó.

____

____

____

____

____

____ 1. La protesta es por los exámenes y los precios de la matrícula.

____ 2. Según esta noticia, una estudiante fue herida en la batalla entre los estudiantes secundarios y la policía.

____ 3. Parece que los estudiantes empezaron la batalla, y no viceversa.

____ 4. Parece que hay dos grupos de estudiantes.

____ 5. En España, los policías nunca usan armas contra los alumnos.

____ 6. Tres mil representantes de los estudiantes quieren hablar con el ministro de Educación.

____ 7. Por fin, los estudiantes resolvieron sus problemas con los oficiales de la policía.

Actividades escritas

¿CÓMO SE DICE?

Cómo pedir información personal

A. **¡Bienvenido!** Imagínese que Ud. trabaja de periodista para el periódico de su colegio, politécnico o universidad. Usted va a entrevistar a un estudiante colombiano. Complete las preguntas que va a hacerle.

EJEMPLO: ¿ *Cómo* te llamas?

1. ¿De ______________ eres, Miguel?
2. ¿ ______________ van tus clases hasta ahora?
3. Pues, ¿______________ clases tienes ahora?
4. ¿______________ créditos llevas este semestre?
5. Miguel, ¿con ______________ estudias esos cursos?
6. Oye, ¿______________ es tu especialidad?
7. ¿______________ cursos necesitas para esa especialidad?
8. ¿______________ es tu clase de química?
9. ¿______________ es tu profesora de matemáticas?
10. Bueno, ¿______________ son tus clases este semestre?
11. Perdón, ¿______________ vives ahora?
12. ¿______________ te parece la residencia para estudiantes extranjeros?

Cómo presentar(se) y dar información personal

B. **Queridos todos...** Imagínese que Ud. va a vivir con una familia española por un semestre mientras asiste a la Universidad Complutense de Madrid. Escríbale una carta a su nueva familia para presentarse y para contarles sobre sus planes. Escriba más o menos así:

______________ (ciudad), ___ (#) de ______________ (mes) de 19___

A mis queridos nuevos padres y hermanos:

Espero que al recibir esta carta estén todos bien. Yo estoy muy contento(a) con mi viaje a Madrid y les escribo para presentarme. Me llamo ______________ y mi familia es de

Nombre: ____ Fecha: ______________

______________. Soy alumno(a) de la universidad (del politécnico) de ______________.

Actualmente, estudio ______________. Mi clase más interesante es ______________ porque...

____.

En cuanto a mis compañeros de clase, creo que... ______________________. Quiero estudiar en Madrid por un semestre para aprender... ______________________

______________. Yo he estudiado español por ______________ años (semestres) aquí, pero... ____

Bueno, muchas gracias por ser mi familia española. Pronto les escribo para darles mi fecha de viaje y para... ______________________________. Mientras tanto, les saludo cordialmente.

Abrazos de

____

Cómo escribir y responder a una invitación

C. **Una invitación.** Imagínese que ya hace un mes que Ud. vive en Madrid con una familia muy amable y simpática. Sus padres españoles le han dado permiso para hacer una fiesta en su casa y, por eso, ahora Ud. está escribiendo las invitaciones. Siga el ejemplo dado y escríbale una tarjeta de invitación a su fiesta a un(a) amigo(a) de la clase. Después, intercambien sus tarjetas para que respondan que sí o que no a la invitación.

Querido Miguel Luis:

Tengo el agrado de invitarte a mi fiesta de cumpleaños a efectuarse el próximo sábado 19 de agosto a las 21,30 en mi casa, Serrano, 2980, 3º derecha, teléfono 432-91-23.

Tu amigo,

Jim Davis

Señor
Miguel Luis Alcat Rovira
Bravo Murillo, 183, 7º izq.
28020 Madrid

Cómo escribir sobre estudios y carreras

D. **El futuro es ahora.** Piense en su futura carrera, ocupación o profesión. Luego, haga el papel de una persona que ha terminado sus estudios y que ya está trabajando en esa ocupación. Escriba dos párrafos sobre ella.

EJEMPLO: *Soy pintor(a) y me gusta mucho porque... Como pintor(a) tengo muchas actividades; por ejemplo, ... Una de las ventajas de mi profesión es...; por ejemplo,... Otra ventaja es... Por el contrario, una desventaja de seguir la carrera de pintor(a) es... Como cualquier otro(a) profesional, tengo aspiraciones; por supuesto, algún día, quiero ser (ir a...) Para realizar este sueño, tengo que...*

Nombre: ______________________________ Fecha: ____________

PERSPECTIVAS AUTÉNTICAS

Cómo explicar un gráfico

A. **¿Cuánto voy a ganar cuando termine?** A todos los estudiantes les interesa mucho todo lo que se refiere a los trabajos que les esperan después de la graduación. Escriba un párrafo para explicarles el siguiente gráfico a los lectores del diario de la universidad. El gráfico contiene el sueldo anual promedio de varios profesionales recién salidos de la universidad en los Estados Unidos.

____

____

____

____

____

____

____

____

____

Cómo describirse a sí mismo(a)

B. Tú y tus estudios. Ahora analícese a sí mismo. Marque sus características en el cuestionario que sigue y después use la información para escribir su descripción personal.

CUESTIONARIO

Estudios

Ahora estoy en (primer/segundo/tercer/cuarto/quinto/sexto) ______________ año de la universidad.

Estudio materias: ___ científicas ___ humanísticas ___ artísticas ___ vocacionales

Mis cursos preferidos son ____.

Mi carrera es de: ___ 2 años ___ 4 años ___ 6 años (con el M.A.)

Mi matrícula la paga(n): ___ mis padres la pago ___ yo, con un préstamo
___ el ejército la pago ___ yo
___ mis padrinos
___ mis abuelos

Mi carrera la (elegir): ___ yo ___ mis padres ___ mi consejero(a)
___ un(a) pariente ___ yo y un(a) amigo(a)

Cuando necesito dinero llamo: ___ al banco ___ a mis padres ___ a un(a) amigo(a)
___ a mis padrinos ___ a otro(a) pariente

Metas

Quiero...
___ irme a otra ciudad o área
___ llevar una vida diferente a la de mis padres
___ seguir el mismo estilo de vida de mis padres
___ seguir viviendo en casa con mis padres para ahorrar dinero
___ casarme, tener hijos, pero también trabajar
___ casarme y dedicarme a mi carrera, sin hijos
___ ayudar a mis otros hermanos para que estudien
___ salir de casa cuanto antes y vivir solo(a)

____

____

____

____

Nombre: ______________________________ Fecha: ____________

____

____

____

Cómo describir sus planes

C. **Declaración de independencia.** Cuando queremos cambiar las cosas, preparamos ciertos planes. Exprese por escrito cinco cosas que no le gustan ahora y qué planes tiene para cambiarlas.

EJEMPLO: *No quiero (no me gusta) vivir en una residencia; voy a buscar (prefiero vivir en) un apartamento.*

Sugerencias:

casarme	buscar una casa
vivir con mis padres	buscar un apartamento
vivir en un apartamento	seguir otra carrera
vivir en una residencia estudiantil	irme a otra escuela
ser profesor(a) / ingeniero(a) / ...	comprar un coche

____

____

____

____

____

____

DETALLES INTERESANTES

D. **Así son las cosas aquí.** En un párrafo describa la vida universitaria de su campus, usando el *se* y el *uno* impersonal. Las siguientes oraciones incompletas pueden ayudarlo(la) a pensar, pero sólo son sugerencias; usted puede añadir otras.

EJEMPLO: Para poder matricularse en mi universidad,... *uno tiene que tomar un examen bastante difícil, que es el S.A.T.*

Para poder matricularse en mi universidad (politécnico), ...
Una vez aceptado(a) allí, . .
Antes de comenzar el semestre (trimestre), ...
El primer día de clases, ...
Durante el año académico, ...

EN POCAS PALABRAS

Cómo pedir y dar información personal

A. Querido(a) amigo(a)... Complete la siguiente carta, usando formas correctas del presente de los verbos entre paréntesis.

Querido(a) amigo(a),

Me llamo Hilda de Anza. Recibí tu nombre y dirección de una organización que se llama ARCO. Vivo *(vivir)* con mi familia aquí en Cali, Colombia donde es *(ser)* estudiante. Mis padres son *(ser)* Alfredo e Isabel y tienen *(tener)* cuarenta años. Yo tengo *(tener)* dos hermanos y tres hermanas. Eremos *(ser)* católicos, pero respetan *(respetar)* todas las otras religiones y filosofías personales.

Estudio *(Estudiar)* química y matemáticas principalmente. Quiero *(querer)* ser científica y trabajar en una compañía internacional como Dow o 3-M. quiero aprendo *(querer aprender)* inglés también porque creo *(creer)* que me gustaría visitas *(visitar)* tu país algún día. Además de mis estudios, trabajo *(trabajar)* en la pizería de mi papá.

Los fines de semana salen *(salir)* con mis amigos, _____ *(leer)* un poco y descanso *(descansar)* mucho. A veces, juegan *(jugar)* con mis hermanos en casa o voy *(ir)* al cine; _____ *(ser)* una familia muy unida.

Me gustaría _____ *(saber)* algo de ti; por ejemplo, ¿Tienes *(tener)* una familia pequeña o grande? ¿Dónde estudias *(estudiar)* y cuándo comienzas *(comenzar)* tus clases? ¿Qué haces *(hacer)* para divertirte? Espero *(esperar)* que me escribas pronto.

Hasta la próxima,

Hilda

Nombre: ______________________ Fecha: __________

Ahora conteste Ud. la carta, describiéndose de la manera más completa posible.

Me llamo Adam Weingrad. Vivo en Pittsburgh y estudio biología, matemáticas, inglés, español y historía en mi escuela. Los fines de samanas yo me gustan visitan mis amigos y van a sus casas. Me gusta juego basketból, hockey y fútbol. Estudio mucho pero miro la televisión cuando los Pgh. Penguins juegan.

Cómo describir

8 **B. En la residencia.** Complete el siguiente párrafo según el sentido. Use la forma adecuada de uno de los verbos dados.

No escucho la radio cuando estudio *(estudiar/repasar)* cálculo, pero mi compañero(a) de cuarto oye *(oír/escuchar)* música popular todo el día y yo no puedo *(deber/poder)* concentrarme para hacer los problemas. Hay chicos que siempre pueden *(tener/poner)* música de fondo cuando estudian *(resolver problemas/leer/estudiar)*, pero a mí no me gusta *(gustar/agradar)*. ¿Cuándo voy a tienen *(tener/sacar)* una A si no estudio? Ahora, creo *(pensar/creer/parecerme)* que voy a escucho *(poner/escuchar)* la radio para duermo *(dormir/descansar)* un rato.

Cómo invitar y cómo no aceptar

C. Invitaciones. Complete las siguientes conversaciones con palabras negativas como, por ejemplo, **no, nada, nadie, ninguno(a), nunca, tampoco.**

1. JOSÉ: ¿Quieres ir al cine, Paco?

   PACO: No gracias, Pepe. ___No___ quiero ir a ___ninguno___ parte hoy. No me siento bien.

2. AMANDA: ¿Invitamos a Mario Castillo o no?

   ALFONSO: No. ___no___ quiero ir con ___nada___; sólo contigo.

3. TOMÁS: ¿Te ayudo con tu tarea, Leonor?

   LEONOR: No, gracias. Prefiero que ___ninguno___ me ayude(s). Tengo que encontrar las respuestas yo misma; es la única forma de aprender, ¿no crees?

4. CARLOS: ¿Tienes tiempo para jugar fútbol esta tarde?

   BETO: ¿Cómo? Yo ___no___ tengo tiempo para ___nada___. Lo siento Carlos, tengo un examen oral mañana.

5. DAVID: ¿Quieres jugar dominó o a las damas?

   HUMBERTO: No. ___No___ me gusta jugar ___nada___ al dominó ___nunca___ a las damas ___tampoco___.

   DAVID: Está bien, voy a jugar con Maritza; a ella sí le gusta.

Cómo describir la universidad

D. El campus ideal. Un(a) alumno(a) quiere saber si ésta es la universidad que le conviene. ¿Qué le puede decir Ud. sobre este campus? Use formas de tercera persona o de *nosotros.*

EJEMPLO: ¿Nevar?
Bueno, a veces... ***nieva** un poquito en febrero.*

Nombre: ______________________ Fecha: __________

1. ¿Llover? Solamente... ______________________
2. ¿Buen almuerzo? Bueno,... ______________________
3. ¿Vestirse bien? Casi... ______________________
4. ¿Divertirse? Por supuesto,... ______________________
5. ¿Planes?,¿sueños? Siempre, los estudiantes... ______________________
6. ¿Jugar pelotamano? Claro,... ______________________
7. ¿Conseguir entradas para el fútbol? Por supuesto, siempre... ______________________

Cómo describir algunas situaciones

E. ¿Qué hace Ud. cuando...? Escriba dos frases para cada una de las situaciones indicadas.

Explique qué hace Ud. cuando...

1. no hay clases.
2. está muy cansado(a).
3. va a tener una fiesta.
4. no tiene nada de dinero.
5. tiene una cita con su dentista.
6. va a la heladería o al bar.
7. almuerza o cena solo(a).
8. tiene dos pruebas el mismo día.

____

____

____

____

____

____

____

____

____

____

____

____

Cómo describir sus planes

F. **Las tres preguntas más candentes.** Escriba Ud. las tres preguntas más importantes que tiene sobre su vida o su futuro. Después, conteste sus preguntas.

EJEMPLOS: *¿Dónde voy a vivir después de terminar mis estudios?*
¿Cuándo me caso?; ¿antes o después de terminar mis estudios?

Nombre: ______________________________ Fecha: ____________

¡A DIVERTIRNOS MÁS!

Cómo llenar su horario

A. Mi horario de clases. Complete Ud. su horario de clases y actividades de este semestre.

HORARIO DE CLASES

Nombre y apellidos ______________________ Facultad ______________

Dirección ______________________ Teléfono ______________

Año de estudios ______ Consejero(a) ______________ Dpto. ______________

	LUNES	MARTES	MIÉRCOLES	JUEVES	VIERNES
8:00					
9:00					
10:00					
11:00					
12:00					
13:00					
14:00					
15:00					
16:00					
17:00					
18:00					
19:00					
20:00					

Cómo describir planes y dar opiniones

B. ¿Qué opina Ud.? Escriba una composición sobre *uno* de los siguientes temas.

1. Describa los planes, ambiciones, aspiraciones y sueños que Ud. piensa realizar después de terminar sus estudios universitarios. Sea específico(a) y dé ejemplos para apoyar *(support)* sus ideas.

2. Describa sus opiniones sobre la vida universitaria de hoy —las ventajas y desventajas, las relaciones con otros alumnos y con los profesores, el costo de la matrícula, las actividades extracurriculares que realmente valgan la pena y el valor *(value)* de tener un título universitario hoy en día.

3. Imagínese que es el año 2020 y que su hijo(a) va a comenzar sus estudios universitarios en su misma universidad. Haga el papel de su hijo(a) y escríbales una carta a sus padres. En su carta, exprese sus opiniones sobre la vida universitaria en el año 2020.

Nombre: ______________________________ Fecha: ____________

CAPÍTULO 2
Y tu familia, ¿qué tal?

Actividades orales

ASÍ SE DICE

Cómo decir rimas

A. Rimas y vocales. Practique las siguientes rimas tradicionales para mejorar su pronunciación y su entonación. Escuche el ejemplo y repita después de cada pausa.

Ya se va la abuela,
muy agradecida,
porque en esta casa
fue muy bien recibida.

No quiero oro
ni quiero plata;
yo lo que quiero
es romper la piñata.

Naranjas y limas,
rosa y clavel,
queremos masitas,
con mucha miel.

¿Qué me trajiste?
Una manzana.
¿Quién te la dio?
Qué sé yo.

Ahora, con la melodía de *For he's a jolly good fellow:*

Porque eres un buen muchacho,
porque eres un buen muchacho,
porque eres un buen muchacho,
¡y nadie lo puede negar!

Ahora, con la melodía de *Happy Birthday:*

Cumpleaños feliz,
cumpleaños feliz,
cumpleaños felices,
que los cumplas feliz.

En un día feliz,
un(a) niñito(a) nació,
le pusieron *(name here)*
y que sea muy feliz.

Cómo contar qué pasó

B. Vino, vio y venció. Cuando contamos algo, la entonación sube antes de cada pausa y antes de la palabra *y*, y baja cuando terminamos de hablar. Practique su entonación repitiendo las siguientes mini-historias durante las pausas.

1. Fernando Valenzuela vino de México ↗, mostró su juego ↗ y venció ↘.
2. Mi tío Carlos, el aventurero, salió a ver el mundo ↗, trató de arreglarlo ↗, volvió a su tierra ↗ y se murió ↘.

3. Mi abuelo llegó de Europa a América ↗, trabajó mucho ↗, formó su hogar ↗, tuvo muchos hijos y nietos ↗ y ahora todos vivimos felices aquí ↘.

¿CÓMO SE DICE?

A. **Amigos por correspondencia. ¿Qué dice usted?** Imagínese que usted acaba de recibir una carta grabada de una estudiante panameña a quién usted no conoce. Después de escuchar cada pregunta, contéstela durante la pausa. *(Cinco preguntas)*

Cómo conversar sobre lo que ha hecho

B. **¿Cómo se divierten Uds.?** Imagínese que Ud. acaba de recibir otra grabación de su amiga panameña, desde Colón, Panamá. Después de escuchar cada pregunta, contéstela durante la pausa. *(Cinco preguntas)*

PERSPECTIVAS AUTÉNTICAS

Cómo hablar de celebraciones familiares

A. **¡Feliz día, mamita!** Escuche lo siguiente dos veces y después conteste las preguntas de comprensión.

1. La familia Monroy Pérez se llama así porque ___.
   a. el padre se llama Moisés Monroy Pérez
   b. la madre se llama Olga Monroy Pérez
   c. los hijos son Monroy Pérez
   d. Ninguna alternativa es verdadera.

2. El Día de la Madre es ___.
   a. en mayo
   b. un fin de semana en mayo
   c. el 27 de mayo
   d. Ninguna alternativa es verdadera.

3. En el colegio, hay un acto ___.
   a. con canciones y bailes
   b. con muchas madres
   c. porque no hay clases
   d. con los profesores y las madres

4. En el Día de la Madre, todos van a un restaurante porque ___.
   a. la señora Monroy no sabe cocinar
   b. la comida del hotel es muy rica
   c. no quieren que doña Olga trabaje en la cocina
   d. quieren invitar a los abuelos

5. El próximo año, los Monroy posiblemente van a celebrar ___.
   a. el Día de la Madre en casa
   b. la Semana del Niño
   c. a la madre en el hotel
   d. con los tíos y los abuelos

Nombre: ______________________ Fecha: __________

EN POCAS PALABRAS

Cómo conversar de una celebración

A. La fiesta de quince años de Gisela Reyna Coronel Mendoza. Escuche el siguiente comentario radial sobre la fiesta de Gisela y después conteste las preguntas. La invitación a esta celebración está en la página 63 del texto. Diga si estas oraciones son verdaderas (V) o falsas (F), según el comentario que escuchó.

		V	F
1.	Gisela es de una ciudad mexicana.	[✓]	[ ]
2.	Gisela celebró sus quince años en la catedral.	[✓]	[ ]
3.	En el baile había amigos, parientes y profesores.	[✓]	[ ]
4.	Los padres de Gisela son alemanes.	[ ]	[✓]
5.	Los hermanos de Gisela son profesionales.	[✓]	[ ]
6.	La fiesta fue en casa de los abuelos.	[✓]	[ ]

Cómo conversar del pasado

B. Una conversación por teléfono. Escuche la grabación y después indique si las siguientes oraciones son verdaderas (V) o falsas (F), según lo que escuchó.

		V	F
1.	Amanda llamó a Carlos por teléfono.	[ ]	[✓]
2.	Carlos acaba de casarse.	[ ]	[✓]
3.	Raúl es el hermano mayor de Carlos.	[ ]	[✓]
4.	La esposa de Raúl vivió en Grecia.	[✓]	[ ]
5.	Raúl se casó en la casa de Minerva.	[ ]	[✓]
6.	Ahora los recién casados viven en una casa.	[ ]	[✓]
7.	Parece que Raúl es un hombre responsable.	[✓]	[ ]

¡A DIVERTIRNOS MÁS!

Cómo poner atención a un anuncio comunitario

A. A pasarlo bien mañana. Escuche este anuncio de la radio y después conteste las preguntas que siguen.

1. ¿A qué actividad se refiere este anuncio?

   un gran extraveganza van a ir a lago

2. ¿Qué cosas deben llevar las familias?

   pelota de fútbol, guitarras, hielo y refrescos

3. ¿Qué van a ser los distintos grupos en el lago?

   Los Fernandez y Los pardo

   unas familias, niños, la radio amiga, bailes, cantantes, un festival, grupos

Actividades escritas

¿CÓMO SE DICE?

Cómo escribir de las ocupaciones

A. ¿De dónde son? Dé la ocupación de diez de los siguientes personajes. Para ayudarle, hemos puesto una lista parcial de ocupaciones.

Ocupaciones: modisto(a) y diseñador(a), político(a), jugador(a) de golf, beisbolista, artista de cine, tenista

Personaje	Nacionalidad	Ocupación
Andy García	cubano-americano	____________
Gloria Estefan	cubano-americana	artista de cine
Felipe González	español	____________
Nancy López	norteamericana	____________
Joaquín Andújar	dominicano	____________
Henry Cisneros	norteamericano	____________
Gabriela Sabatini	argentina	jugadora de tenis
Plácido Domingo	español	____________
Oscar de la Renta	dominicano	____________
Ricardo Montalbán	norteamericano	____________
Fernando Valenzuela	mexicano	beisbolisto
Carolina Herrera	colombiana	____________

Cómo hablar del parentesco de personas famosas

B. Parientes famosos. Dé el parentesco que existe entre los siguientes personajes famosos.

EJEMPLO: Raúl Castro Ruiz, Fidel Castro Ruiz
Raúl Castro Ruiz es el hermano de Fidel Castro Ruiz.

1. Martin Sheen, Charlie Sheen, Emilio Estévez

Martin Sheen es el hermano de Charlie Sheen y son amigos de Emilio Estévez

Nombre: ______________________________ Fecha: ____________

2. Pablo Picasso, Paloma Picasso

Pablo Picasso es el hermano de Paloma Picasso

3. Los Reyes Católicos: Fernando e Isabel

Fernando e Isabel es participados de los Reyes Católicos.

4. Juan Carlos de Borbón Parma (Rey de España), Felipe (Príncipe de Asturias)

Juan Carlos de Borbón Parma es el amigo de Felipe.

Cómo describir a nuestros parientes

C. ¡Qué familia tan grande! Yo soy Ángela Barceló Bravo y tengo el gusto de presentarles a parte de mi familia. Estudien mi árbol genealógico y después completen las frases que siguen con los nombres completos de cada persona.

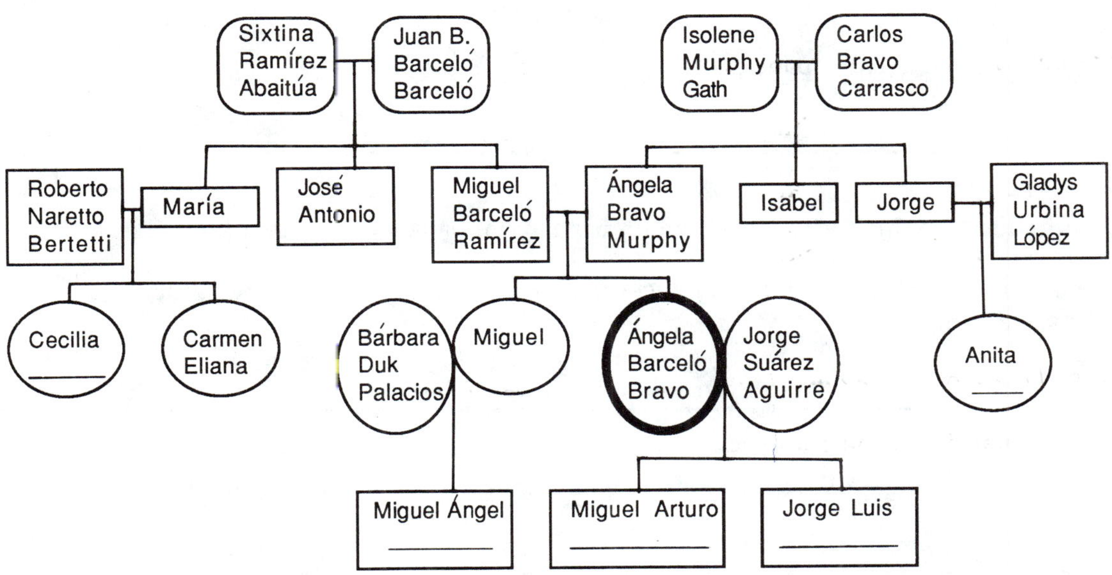

1. Mi cuñada se llama María. (sister-in-law)
2. Mis hijos se llaman Miguel y Jorge.
3. Mi abuela materna se llamaba ______________. (god mother)
4. Tengo un sobrino que se llama ______________. (step-....)
5. Mi tía política, esposa de mi tío Jorge, es Gladys Urbina López. (cousin wife cousin)

6. La madrina de uno de mis hijos se llama Isolene Murphy Goth.

7. Aquí aparecen tres primas que se llaman Cecilia, Carmen y Barbara.

Cómo preguntar sobre la familia

D. **¿Cómo es su familia?** Responda a las siguientes preguntas de un amigo hispano que desea conocerlo(la) mejor a Ud.

¡Hola! Soy Alberto Méndez Torres de Bogotá, Colombia. Perdón, ¿de dónde es Ud.?

Yo soy de Pgh.

¿De veras? ¡Qué interesante! Oye, ¿cuántos son Uds.? Somos tres.

Yo me gustan los deportes y hay tres personas en mi casa

¡Oh, qué familia! Dime, tus padres... ¿a qué se dedican? what is their profesion?

____

Te comprendo bien. Mi mamá trabaja en un banco y mi papá ya no trabaja porque está muy enfermo. Pero trabaja mi abuelito que vive con nosotros. A propósito, ¿tienes abuelos? ________ ¿Cómo se llaman?

Sí, tengo dos abuelas se llaman Charlotte y Sherman

¡Qué bueno! Sólo tengo un abuelo... Pero tengo un montón de primos. ¿Tú también?

____

Ahora, cuéntame un poco más acerca de tu familia.

____

Cómo decir con qué frecuencia

E. **¿Qué hace su familia?** Escriba oraciones completas usando las siguientes frases para describir lo que hacen Ud. y su familia.

EJEMPLO: Casi siempre mis padres y yo...
Casi siempre mis padres y yo cenamos juntos.

Nombre: ______________________ Fecha: ______________

Casi siempre mis padres (mi papá / mi mamá) y yo... Casi siempre mis padres y yo cocinamos papas fritas.

Todos los días por la mañana, mi(s)... Todos los días por la mañana mis amigos estan en el café. ¿antes de ir al colegio?

A menudo mi(s) hermano/a(os) y yo... A menudo mi hermano y yo jugamos basquetból.

Casi nunca (él/ella/ellos) y yo... Casi nunca ellos y yo hablamos mucho.

A veces, invitamos a algunos personas a mi casa porque... es mi cumpleaños.

Una vez al mes (año) mi(s) amigos y yo visitamos a... 3 Rivers porque... miramos el partido de beisból.

De vez en cuando nos gusta... trabajamos en Giant Eagle. trabajar

F. Mi familia. Ahora le toca a Ud. completar su árbol y escribir una composición sobre su familia. Diga de dónde son las diferentes personas, dónde viven y qué hacen.

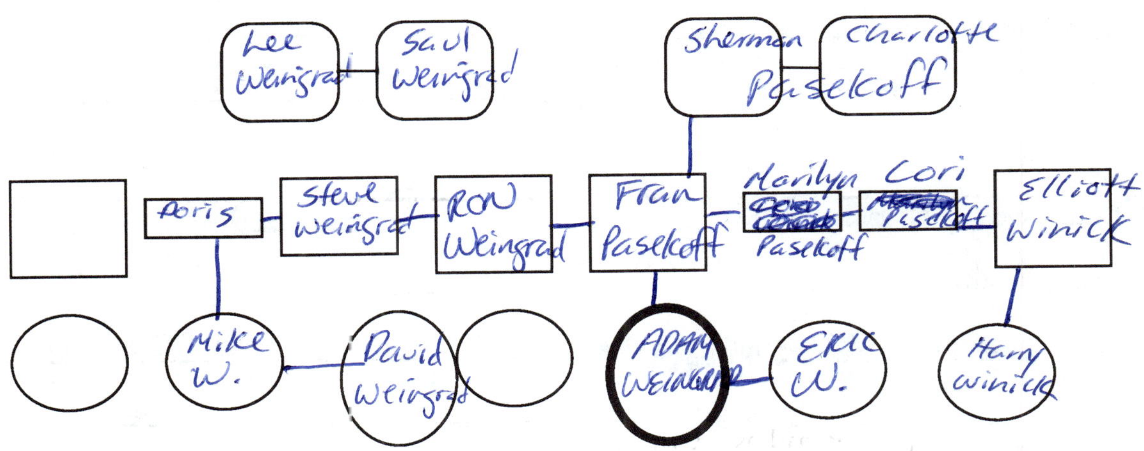

Veo que quieres mucho a tu hermano. A veces es difícil cuando tu hermano se va de la casa para estudiar ... pero así es la vida

G. Un(a) pariente muy especial. Todos tenemos por lo menos un(a) pariente que nos cae bien. Describa a uno(a) de sus parientes preferidos según la información que se sugiere abajo.

EJEMPLO: *Mi tía Julie tiene cuarenta y tres años y es muy simpática. Mi tía es gerente de un restaurante que se especializa en comida oriental y es muy trabajadora. Como gerente, ella tiene muchas responsabilidades. Por ejemplo, ...*

Sugerencias:
nombre, edad y nacionalidad de su pariente;
profesión o carrera de él (ella) con algunos detalles;
razones por las cuales él (ella) le agrada tanto a Ud.

Mi hermano Eric tiene viente y cuatro años. Es de los Estados Unidos y trabaja en un officina. Eric tiene muchos amigos y vive con dos amigos. Ahora Eric vive en Philadelphia. Hace un año que vive en Philadelphia. Antes de vivir en Phili. Eric asiste a Carnegie Mellon University en Pittsburgh. Yo visito a Eric mucho pero él no tiene dinero para visitar la casa de su familia mucho.

Hay algunos detalles que no entiendo

La gramática está bien pero ¿Qué hace Eric en el oficina? ¿Por qué le agrada a Eric?

Cómo describir las actividades de la familia

H. Las actividades de mi familia. Describa qué tipo de actividades hace Ud. con sus familiares y cuándo.

1. En el verano, mi(s) ______________ y yo ______________________________
2. En invierno, voy con mi(s) ______________ a ______________________________
3. Para el fin de año, mis ______________ y yo vamos a ______________________
4. Para Acción de Gracias, nosotros ______________________________
5. Para el cuatro de julio, mis ______________________________
6. Con mi(s) ______________ me gusta ir a ______________________________
7. Con mis ______________ me gusta jugar a ______________________________
8. Para la Navidad, mis abuelitos y ______________________________

Nombre: ______________________ Fecha: ____________

Cómo describir una celebración familiar

I. Una reunión familiar. Escriba una descripción de una reunión familiar en su casa.

EJEMPLO: *En junio es la boda de mi hermana Sally. Vamos a tener muchísima gente en casa. Vienen todos mis abuelos (los cuatro), mis tíos Al y Jenny, mis cinco primos por parte de papá y otros tres por parte de mamá, y también una cuñada de mi tía Jenny, el marido de mi prima Jo con mi prima y su pequeño bebé, Richie. También va a estar mi tía Christine con su nuevo marido y sus hijos del primer matrimonio, mis primos Jeff y Tom.*

____

____

____

____

____

____

____

PERSPECTIVAS AUTÉNTICAS

Cómo ampliar su vocabulario

A. ¡Adivine Ud.! Después de leer el artículo dos o tres veces, ¿puede adivinar *(to guess)* cómo se dice lo siguiente en español?

a. mate ____________	f. to bring up ____________
b. only ____________	g. single parent ____________
c. alone ____________	h. to find a way ____________
d. alimony ____________	i. to play a role ____________
e. housing ____________	j. daycare centers ____________

Ahora con un(a) compañero(a), encuentre en la lectura de las páginas 44-45 al menos dos frases que indiquen que los padres solos tratan de reproducir las funciones de una familia clásica, según la descripción de la sección *Así es* en la página 38.

____

____

Cómo expresar opiniones

B. **El Club de los Padres Heroicos.** Exprese su opinión sobre los siguientes comentarios en una o dos oraciones.

Donde vivo yo los padres solos (no) son raros porque... ______

En mi opinión, muchos padres se divorcian hoy día porque... ______

Por ejemplo, yo conozco a una pareja que se divorció (va a divorciarse) porque... ______

Ellos tienen ______ niños que tienen (pocos / muchos) problemas debido al divorcio porque... ______

Yo creo que para un padre solo criar a un niño es bastante (fácil / difícil) porque... ______

Además, el padre solo tiene que... ______

y también tiene la responsabilidad de... ______

No obstante, los padres solos son increíblemente ingeniosos, especialmente cuando... ______

Por ejemplo, mi (papá / mamá / hermano[a] / amigo[a])... ______

En mi opinión, un padre heroico es una persona que... ______

Él o ella debe... ______

y nunca debe... ______

porque... ______

Yo creo que (me / no me) gustaría ser (padre / madre) porque... ______

Nombre: ______________________ Fecha: __________

Cómo expresar opiniones personales

C. **Querida Amalia...** Lea ambas cartas, luego responda a cada una breve y lógicamente.

Me llamo Ernesto Fernández. Tengo 47 años y estoy divorciado. Tengo un hijo que se llama Juan, tiene once años y vive lejos, con su madre (mi ex-esposa). Veo a Juan sólo por dos semanas en el verano cuando él está de vacaciones del colegio y yo de mi trabajo. Queremos vernos más frecuentemente durante el año, pero no sé cómo. ¿Puede Ud. darme algunas sugerencias?

____

____

____

____

____

____

____

____

Mi nombre es Ángela de Gómez y soy viuda con tres niños pequeños. Soy bastante joven, pues tengo sólo 31 años. Quiero casarme otra vez para compartir mi vida con un hombre que me ame y que quiera también a mis niños. Mi problema es que trabajo diez horas al día, seis días a la semana para ganarme la vida. El resto del tiempo estoy con mis hijos. No es nada fácil, como sabrá Ud., Amalia. ¿Cómo puedo encontrarme otro esposo con este horario tan espantoso?

____

____

____

____

____

____

____

____

EN POCAS PALABRAS

Cómo describir qué pasó

A. La boda. Complete el anuncio y la conversación que siguen con formas correctas del pretérito de los verbos entre paréntesis.

> Jorge Luis Aguirre Cárdenas ______________ *(casarse)* con Isabel Margarita del Tránsito Torres Ramos ayer en la iglesia Santa María de esta ciudad. El Padre Juan Carlos Fonseca Moreno ______________ *(celebrar)* la misa nupcial. Luego, los invitados ______________ *(recibir)* a la joven pareja en los salones del restaurante Victoria después de que los recién casados ______________ *(llegar)* del estudio fotográfico Fotolux.

GLORIA: ¿Cómo ______________ *(ir)* la boda de tu hermano Jorge?

CARLA: ¡Muy linda! ______________ *(hacer)* buen tiempo y todo ______________ *(salir)* perfecto.

GLORIA: ¿______________ *(ir)* muchos invitados?

CARLA: Claro. Fíjate que ______________ *(estar)* toda mi familia y ______________ *(asistir)* como cuarenta parientes por parte de la novia. La misa y la ceremonia ______________ *(tener)* lugar en la iglesia Santa María.

GLORIA: ¡Qué emoción! ¿Qué ______________ *(pasar)* después?

CARLA: Bueno, Jorge e Isabel ______________ *(ir)* al estudio de un fotógrafo que les ______________ *(sacar)* las fotos de novios mientras nosotros y los invitados los ______________ *(esperar)* en el restaurante para la fiesta. Cuando ______________ *(llegar)* ellos, ______________ *(tomar)* una copa y el padre de la novia les ______________ *(ofrecer)* un emocionante brindis por la eterna felicidad de los recién casados. ¡Qué envidia!

Nombre: ______________________ Fecha: __________

GLORIA: ¡Ay, niña, si me parece que estoy viendo a la novia! Me imagino que Uds. comieron (*comer*) y bebieron (*beber*) cosas exquisitas ¿no?

CARLA: Claro que comió (*comer*) y bebió (*beber*) muy bien, niña. Luego, bailó (*bailar*) hasta las dos de la mañana.

GLORIA: ¡Qué maravilla! Pues, parece que Uds. lo pasaron (*pasar*) muy bien.

CARLA: ¡Claro que sí! ¡Imagínate la que te perdiste!

Cómo preguntar por la familia

B. Un año más tarde. Complete la siguiente conversación, usando formas correctas de **ser** o **estar**, según el contexto.

GLORIA: ¿Cómo están tu hermano y su esposa?

CARLA: Muy bien. ¿Sabes qué? Mi cuñada Isabel es encinta. ¡Voy a esta tía por primera vez!

GLORIA: No me digas, niña. ¡Qué bueno! Y Jorge, ¿a qué se dedica ahora?

CARLA: Es dependiente de un almacén. Dice que esta mal pagado, pero le gusta el ambiente de su trabajo. Su gerente es simpático, pero el dueño esta un poco tacaño.

GLORIA: ¿De veras? Ay, pobrecito de Jorge. Y ahora su situación va a esta peor con el bebé y todo, ¿verdad?

CARLA: Claro. Jorge esta muy trabajador y por eso, le sugerí que estudiara otra profesión.

GLORIA: ...como abogado, cuyos sueldos es bastante altos, ¿eh?

CARLA: No exageres, Gloria. ¡Yo es abogada y gano muy poco!

Cómo comparar y contrastar

C. En casa. Complete las siguientes oraciones, describiendo a su familia con palabras opuestas como en el ejemplo.

EJEMPLO: *Mi hermana es simpática, pero su hijo es antipático.*

1. Mi hermano(a) es nervioso, pero su hijo es tranquilla.

2. Mis padres son triste, pero yo soy feliz.

3. Tengo un(a) carta que es bastante __________, pero tengo otro(a) __________ que es muy __________.

4. En mi casa hay un(a) __________ que es __________, pero también hay un(a) __________ que me parece un poco __________.

5. Mi tío es __________, pero mi tía no es tan __________.

6. Por fin, mi familia es algo __________, pero no es nada __________.

Cómo contar lo que pasa y lo que pasó

D. Carta a una amiga por correspondencia. Aquí tiene Ud. una carta incompleta de una joven española a su nueva amiga de los Estados Unidos. Termine la carta adecuadamente.

16 de julio

Querida Patty:

Esta es mi primera carta para ti y espero que seamos amigas por mucho tiempo. Me llamo Charito Monroy Pérez y vivo aquí en Las Palmas con mis papás, mis abuelos (o sea los padres de mi papá) y mis hermanos Paco y Nati. Mi papá trabaja de músico; toca el clarinete y la flauta y, de noche, enseña inglés en el Instituto "Shakespeare", donde yo trabajo de secretaria. Mi mamá es abogada, mis abuelos ya están jubilados y mis hermanos están en el colegio. Mi madrina vive cerca y siempre viene con sus hijos a conversar por la noche. Mi familia es muy unida y nos gusta estar juntos. Hoy fuimos a ____________________

____

____

____

Bueno, escríbeme pronto para saber de ti y de tu familia y si puedes, mándame una foto de todos ustedes.

Saludos y abrazos de

Charo

Nombre: ______________________________ Fecha: ____________

Cómo contar la historia de una familia

E. Había una vez... En todas las culturas la gente se divierte contando historias verdaderas o inventadas. Cuente por escrito una historia interesante sobre una familia que realmente existe o sobre una familia imaginaria. Comience así:

Había una vez una familia que vivía en ______________; eran los *(apellido)* ______________.

Ellos eran una familia bastante ______________ porque ______________. Los ______________

llegaron de ______________ en 19___ y empezaron a trabajar en ______________. Después,

______________.

Un día algo (divertido / trágico / ...), le(s) ocurrió a los ______________. Déjeme explicarles

lo que pasó...

Cómo describir una celebración familiar

F. **Una fiesta memorable.** Describa una fiesta familiar que fue especial para Ud. Diga qué celebraron, dónde y cuándo fue la fiesta, quiénes vinieron, cuánto duró la fiesta y qué regalos recibieron los parientes o Ud. mismo, si la fiesta era para Ud. Use los verbos en pretérito estudiados en este capítulo y las expresiones de tiempo y frecuencia que ha aprendido.

¡A DIVERTIRNOS MÁS!

Cómo expresar opiniones

A. **En mi opinión...** Complete las siguientes frases con sus opiniones.

1. Es (bueno / malo) tener una familia grande porque ...

2. Es (bueno / malo) tener muchos hijos porque ...

3. Un matrimonio sin niños (es / no es) una tragedia porque ...

4. Los hijos (deben / no deben) obedecer a sus padres a cualquier edad porque ...

5. Hoy día las familias (son / no son) tan unidas como antes porque ...

Nombre: ______________________________ Fecha: ____________

Cómo escribir sus datos personales

B. Libreta de bolsillo. Imagínese que un(a) amigo(a) le regala una libreta de bolsillo o agenda. Llene la primera hoja con sus datos personales. Escriba su nombre a la manera hispana, con su nombre y sus dos apellidos (paterno y materno).

DATOS PERSONALES

NOMBRE ______________________________

DOMICILIO ______________________________

TELÉFONO ______________ CASILLA ______________

DIRECCIÓN COMERCIAL ______________________________

TELÉFONO ______________ CASILLA ______________

Nº CARNET IDENTIDAD ______________________________

BANCO ____________ SUCURSAL ____________ CTA. CTE. Nº ____________

AUTO MARCA ____________ PATENTE Nº ____________ DE ____________

AÑO ________ MOTOR Nº ________ CHASIS Nº ________ INSC. C.B.R. Nº ________

GRUPO SANGRE ____________ FACTOR RH ____________ FONDO NAC. SALUD Nº ____________

MEDICAMENTOS CONTRA INDICADOS ______________________________

SOCIO DE ______________ Nº ______________

EN CASO DE EMERGENCIA SÍRVASE COMUNICAR A: ______________________________

____

____

Cómo invitar a una fiesta

C. **Mi santo o cumpleaños.** Busque el día de su santo en este calendario y escriba una tarjeta de invitación para su fiesta. Si no puede encontrar su santo, escriba una invitación para su cumpleaños o para la celebración de sus veintiún años.

26/1	Sta. Paula	21/7	S. Daniel
9/2	Sta. Rebeca	24/7	Sta. Cristina
17/3	S. Patricio	26/7	Sta. Ana
19/3	S. José	18/8	Sta. Elena
2/4	Sta. Sandra	12/9	Sto. Nombre de María
3/4	S. Ricarco	17/9	S. Roberto
23/4	S. Jorge	21/9	S. Mateo
25/4	S. Marcos	22/10	Sta. Sara
18/5	S. Eric(a)	4/11	S. Carlos
25/5	Sta. Susana	4/12	Sta. Bárbara
13/6	S. Antonio de Padua	16/12	Sta. Alicia
3/7	S. Tomás Apóstol	26/12	S. Esteban
15/7	Sta. Julia	27/12	S. Juan Apóstol
16/7	Sta. Carmen	29/12	S. David

Nombre: ______________________________ Fecha: ______________

Cómo escribir una conversación

D. ¡Le podría pasar a Ud.! Escriba una conversación que corresponda a una de las siguientes situaciones.

1. Su abuela le ha tejido un suéter que no está a la moda. Es un suéter a la moda de 1960. Su abuela le ha dicho que es para esquiar, pero Ud. no piensa llevarlo para su fin de semana en la nieve.

2. La abuelita está muy contenta porque su nieto va a ir a esquiar y va a llevar el suéter que le dio. Prometió estar allí cuando el nieto se vaya a la nieve para verlo con su suéter nuevo.

____

____

____

____

____

____

____

____

Cómo expresar opiniones y hacer comparaciones

E. La familia del próximo siglo. Escriba por lo menos tres párrafos cortos sobre la familia norteamericana. En el primer párrafo, describa la típica familia norteamericana de hoy día; en el segundo párrafo, exprese sus opiniones sobre esta familia; y en el tercer párrafo, describa cómo cree Ud. que va a ser la típica familia norteamericana del siglo XXI.

Sugerencias:
la definición de la palabra *familia*
el papel de los padres y el de sus hijos
la situación económica de la familia
la importancia de casarse y tener niños

____

____

____

Nombre: ______________________________ Fecha: ____________

CAPÍTULO 3
¿Vivir para comer o comer para vivir?

Actividades orales

ASÍ SE DICE

Cómo pedir algo que falta

A. ¡Aquí no atienden bien! Usted va a escuchar a varias personas que se quejan porque algo les falta en la mesa. Primero, escuche Ud. la entonación de lo que dicen. Después, repita la queja durante la pausa. Finalmente, escuche la respuesta del mesero o de la mesera.

EJEMPLO: Cliente: Señor, por favor, no tenemos azucarero.
Ud. dice: *Señor, por favor, no tenemos azucarero.*
El mesero: Ah, perdón. Ya lo traigo.

Cómo pedir la comida

B. ¿Hay otro poquito? Usted puede usar el comentario de otra persona para pedir más comida. Primero, escuche lo que dice la otra persona. Después, diga que Ud. también cree que el plato está muy bueno. Finalmente, pida otro poquito como en el ejemplo.

EJEMPLO: La otra persona dice: ¡Qué ensalada tan fresca!, ¿no?
Ud. dice: *Sí, está deliciosa (muy buena / exquisita). ¿Hay un poquito más?*

1. ¡Qué ensalada tan fresca!, ¿no?
2. ¡Este pescado está muy bueno!, ¿verdad?
3. ¡Qué asado tan rico!
4. ¡Me encanta el estofado!
5. ¡Me fascinan estos helados!
6. ¡Qué pan tan rico!, ¿no?

C. En un restaurante. Es importante saber cómo pedir la comida en el restaurante. Escuche cómo piden la comida estos amigos y después pida Ud. los platos que aparecen en la lista.

Cliente 1: A mí, tráigame asado con papas, por favor.
Cliente 2: A mí, tráigame una ensalada grande con huevos duros, por favor.

Ahora, pida Ud. estos platos y después escuche la frase correcta.

1. ensalada de espinacas
2. bife con papas fritas
3. un helado de piña
4. una taza de café
5. un vaso de vino tinto
6. pescado frito con arroz

¿CÓMO SE DICE?

Cómo pedir algo en la mesa

A. **En la mesa.** Usted va a oír a varias personas conversando en la mesa. Después de escuchar a cada persona, mire los dibujos y ponga el número del objeto o comida que esa persona quiere.

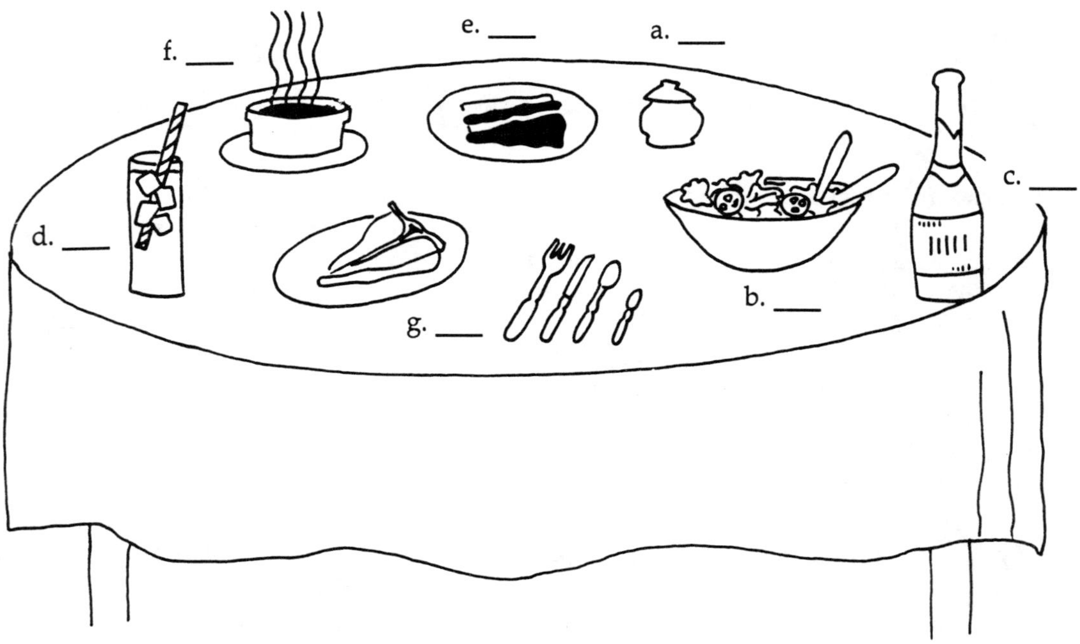

Cómo expresar su preferencia

B. **Sobre gustos no hay nada escrito.** Usted va a escuchar a varias personas que están hablando de la comida que les gusta. Primero, marque (X) la preferencia de cada persona en la escala dada. Después, marque (XX) su propia preferencia en la escala y diga si le gusta o no esa comida.

EJEMPLO: Un muchacho: A mí me gusta la sopa de verduras. ¿Y a Ud.?
Ud. marca: (X) le gusta
Ud. dice y marca: (XX) *A mí me desagrada la sopa de verduras.*

	0	1	2	3	4	5
	XX	___	X	___	___	___
	le desagrada		le gusta			le encanta
1.	___	___	___	___	___	___
	le desagrada		le gusta			le encanta
2.	___	___	___	___	___	___
	le desagrada		le gusta			le encanta
3.	___	___	___	___	___	___
	le desagrada		le gusta			le encanta

4. 0 ___ 1 ___ 2 ___ 3 ___ 4 ___ 5 ___
le desagrada — le gusta — le encanta

5. 0 ___ 1 ___ 2 ___ 3 ___ 4 ___ 5 ___
le desagrada — le gusta — le encanta

6. 0 ___ 1 ___ 2 ___ 3 ___ 4 ___ 5 ___
le desagrada — le gusta — le encanta

Cómo conversar en la mesa

C. ¡Estás en tu casa! Imagínese que Ud. está en la mesa en casa de una familia hispana que lo (la) invitó a cenar. La señora va a hacerle algunas preguntas. Marque la respuesta más adecuada.

1. a. No me gusta el vino.
   b. No, muchas gracias.
   c. No, lo siento. Muy amable.
   d. ¿Ese vino? ¡Caramba, no!

2. a. Ay, no puedo comer más. Gracias.
   b. Muy amable, pero no me gusta.
   c. No me gusta la pechuga de pavo.
   d. Estoy lleno(a), gracias.

3. a. Pues, no como carne, gracias.
   b. No, gracias. De veras. Gracias.
   c. No quiero.
   d. Gracias, pero me vuelve loco el pescado.

4. a. Pues, los tomates me enferman.
   b. Ahora, no. Quizás a la noche.
   c. No, gracias. Estoy satisfecho(a).
   d. No.

5. a. Gracias, pero tengo mucha sed.
   b. Nunca tomo esas cosas, gracias.
   c. No, muchísimas gracias.
   d. ¡No, no y no!

Cómo cumplir una orden

D. La lista de las compras. Imagínese que Ud. está viviendo con una familia hispana. Cuando Ud. llama a su "mamá" para informarle que va al cine con sus amigos, ella le pide que compre varias cosas en el supermercado. Prepárese a escribir el pedido. Escriba sólo la lista de las cosas que tiene que comprar.

____

____

____

____

____

Cómo pedir la comida en el restaurante

E. **¿Qué dice Ud.?** Imagínese que Ud. está en un restaurante en Buenos Aires, Argentina. Ahora el mesero se acerca a usted y le hace algunas preguntas. Escuche al garzón (mesero) y luego conteste sus preguntas durante las pausas. *(4 preguntas)*

PERSPECTIVAS AUTÉNTICAS

A. **El complemento ideal de un buen plato.** Usted va a escuchar algunos consejos de una especialista sobre los vinos que se debe elegir para servir con ciertas comidas. Escuche la grabación una vez para entender las ideas principales. Luego, escúchela una segunda vez y anote qué comidas puede servir con cada uno de los vinos que aparecen en el dibujo. Por fin, escúchela por tercera vez para verificar lo que escribió.

Nombre: ______________________________ Fecha: ______________

EN POCAS PALABRAS

Cómo comprender pedidos

A. Por fin, ¡a comer! Usted va a escuchar una serie de frases imperativas; indique a qué dibujo corresponde cada una.

EJEMPLO: Déme más café, por favor.

a.

b.

c.

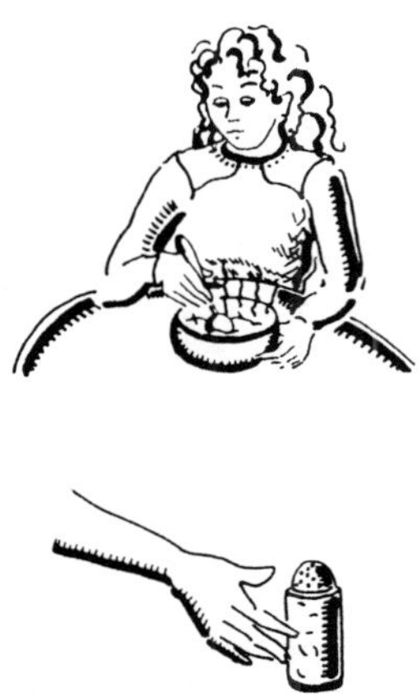

d.

e.

f.

¡A DIVERTIRNOS MÁS!

Cómo entender anuncios

A. **Sanborn's.** ¿Le gustaría ir a almorzar a un famoso restaurante de la Ciudad de México? Escuche lo que ofrece el excelente restaurante Sanborn's para el almuerzo y verá lo exquisita que es la comida mexicana. Después, indique si las siguientes oraciones son verdaderas (**V**) o falsas (**F**).

1. ___ Este restaurante Sanborn's queda en Acapulco.
2. ___ Parece un restaurante bien cómodo.
3. ___ En Sanborn's no se sirven gambas.
4. ___ Hay toda clase de platos argentinos en Sanborn's.
5. ___ El restaurante tiene más de 75 años.

Nombre: ______________________________ Fecha: __________

Actividades escritas

¿CÓMO SE DICE?

Cómo hablar de distintos alimentos

A. Asociaciones. Empareje las palabras de la columna de la izquierda con las de la derecha según sus significados.

1. ___ bacalao	a. frutas cítricas
2. ___ salchichas	b. leche
3. ___ zanahorias	c. cerdo
4. ___ queso	d. pescado
5. ___ aves	e. chorizo
6. ___ chuletas	f. torta
7. ___ camarones	g. verduras
8. ___ toronja (pomelo)	h. gambas
9. ___ tarta de fruta	i. cerveza
10. ___ vinos	j. pollo

Cómo describir lo que está en la mesa

B. ¡Buen provecho! Identifique los nombres de las cosas que están en la mesa.

1. ______________
2. ______________
3. ______________
4. ______________
5. ______________
6. ______________
7. ______________
8. ______________

Cómo pedir en un restaurante

C. **¡A desayunar!** Complete la siguiente conversación con palabras y expresiones apropiadas.

MESERO: Buenos días, señorita. Aquí tiene Ud. el menú.

CLIENTE: Gracias. A ver..., a ver..., quiero dos huevos ______________ con ______________, por favor. También tráigame pan ______________ con ______________.

MESERO: Muy bien, señor. ¿Desea tomar té o café?

CLIENTE: Una ______________ de café, por favor.

MESERO: ¿Lo quiere con o sin ______________ y ______________?

CLIENTE: ______________, por favor. También quiero un ______________ grande de jugo de ______________. Tengo mucha sed.

MESERO: Bien. ¿Algo más, señorita?

CLIENTE: ¿Hay ______________?

MESERO: ______________, señorita.

CLIENTE: Bueno, ______________.

MESERO: Muy bien, señorita. Muchas gracias.

Cómo hablar de alimentos específicos

D. **¿Qué comiste ayer?** Dígale a otro(a) estudiante lo que Ud. se sirvió ayer para el desayuno, el almuerzo y la cena. Él (Ella) debe hacer comentarios sobre lo que Ud. comió. Después, cambien papeles.

EJEMPLO: —*Al desayuno solamente tomé una taza de café y pan tostado.*
—*Ay, ¿por qué tomaste tan poco desayuno?*

1. Para el desayuno tomé... ______________________________

   y también comí... ______________________________

2. Para el almuerzo comí... ______________________________

   y bebí... ______________________________

   Apenas probé la... ______________________________

Nombre: ______________________________ Fecha: __________

3. Para la cena, primero me serví... ______________________________

luego... ______________________________

y, por último, me tomé un... ______________________________

E. **Los cupones.** Los cupones tienen distintos tipos y tamaños de letras además de ilustraciones. En el cupón que aparece en esta sección, ubique *(locate)* una idea expresada visualmente y una idea expresada por escrito.

1. ¿Cuál es la principal idea visual del anuncio?

____

2. ¿Cuál es la principal idea escrita? ¿Qué palabra es la más importante del cupón?

____

3. ¿Cuántos cartoncitos hay que comprar para ahorrar $0.20?

____

4. El cartoncito tiene el nombre en inglés. Póngale el nombre en español.

____

F. **Una dieta equilibrada.** Decimos que una dieta es equilibrada cuando tiene las proporciones necesarias de cada uno de los cuatro grupos de alimentos. Complete las listas con cuatro ejemplos de cada categoría.

I. proteínas como... ______________________________

____

____

____

II. productos lácteos como queso,... ______________________________

____

____

____

III. hidratos de carbono como el cereal,... ______________________________

____

____

____

IV. verduras y frutas como... ______________________________

____

____

____

G. **¿Qué diría Ud.?** Escriba oraciones y preguntas adecuadas para comunicarse en las siguientes situaciones.

En casa de una familia argentina, en la mesa a la hora del almuerzo

1. You're very hungry and would like to have a second helping of steak and potatoes.

____

____

____

Nombre: ______________________ Fecha: __________

2. Now you're full, but your friends insist you have a third helping.

____

____

____

3. You want to express how good the food is. Say so, and express your appreciation.

____

____

____

En un restaurante argentino

4. You're on a diet, so you order three low-calorie items on the menu.

____

____

____

5. The waiter forgot to bring silverware. Say what utensils you need to eat what you ordered.

____

____

____

6. Complain to the waiter about the food or service, or express your satisfaction with it.

____

____

____

Ahora, escriba una conversación entre un(a) mesero(a) y dos personas que están en el restaurante Cambalache.

Cambalache
restaurante argentino

entremeses

Empanadas -	Carne, Pollo, Queso, Verduras	$2.25
Croquetas -	Verduras, Huevo y Harina	$1.95
Tortilla de Papas		$3.00
Matambre Casero Con Ensalada Rusa		$6.25
Provoleta a la Parilla		$3.95

sopas

Criolla	$3.25

ensaladas

Ensalada Mixta	$2.95
Ensalada Rusa	$3.75
Mayonesa de Aves	$4.95
Papas a la Provenzal	$3.75
Ensalada de Apio	$3.50

bebidas

Sangría	$2.30
Jugos de Frutas	$1.80
Mate Cocido	$2.00

bocadillos

Chorizo	$3.95
Lomito	$5.75
Milanesa de Ternera	$5.50
Milanesa de Pollo	$4.95
Matambre Casero	$5.75
Jamón y Queso	$4.25

platos de fondo

Tira de Asado	$7.95
Costillas de Cerdo	$7.50
Costillas de Cordero	$9.50
Milanesa de Ternera	$7.50
Milanesa de Pollo	$6.50
Churrasco	$7.95
1/4 Pollo a la Parrilla	$6.50
Albóndigas con Salsa y Puré	$6.50

postres

Flan	$2.50
Dulce Batata con Queso	$3.50
Budín de Pan	$2.30

Nombre: ______________________________ Fecha: ______________

____

____

____

____

PERSPECTIVAS AUTÉNTICAS

Cómo hablar de la comida

A. Asociaciones. Empareje las palabras de la columna izquierda con las de la derecha según sus significados.

1. ___ porteño	a. hambruna
2. ___ bife	b. cuando no llueve
3. ___ casa	c. trabajador
4. ___ sequía	d. cantidad
5. ___ muchos	e. grupo de trabajadores
6. ___ número	f. inmigrante
7. ___ sindicato	g. centenares
8. ___ obrero	h. *per cápita*
9. ___ deuda	i. de Buenos Aires
10. ___ extranjero	j. carne de vacuno
11. ___ por persona	k. hogar
	l. dinero que uno debe

B. Más carne, por favor. Lea lo siguiente una vez para comprender la idea general. Después, lea otra vez y complete los espacios en blanco con una palabra adecuada, según el significado general. Los siguientes párrafos están basados en la lectura del texto, Capítulo 3.

En la Argentina hay tanta variedad de platos de ______________ que es necesario estar bien informado para elegir bien. Por ejemplo, la parrillada incluye pedazos de carne de ______________, pedazos de corazón y longanizas de ______________, que son una especie de salchichas. Generalmente, las parrilladas se sirven con ______________, no con papas ni con arroz.

El _______________ de vacuno se prepara en _______________ asador y los bifes se hacen en la parrilla _______________ carbón. Los asadores son fuegos de leña *(firewood)* que se _______________ en el suelo; después, la carne se pone en un círculo alrededor _______________ fuego. Al empezar la comida, también se puede _______________ matambre (que termina el hambre), _______________ es un arrollado de carne relleno con verduras y huevo. A _______________ le encantaría el bife supremo que es un _______________ espectacular de medio kilo, _______________, jugoso y enorme.

C. **Instituciones nacionales.** Cada cultura tiene ciertas comidas y horas de comida que son muy populares y típicas. Trabajen en un grupo pequeño y digan qué cosas son características de los Estados Unidos y de una de las otras culturas. Después, denle su informe a toda la clase.

España	Italia	Japón
México	Alemania	Estados Unidos

EJEMPLO: En España, la .... es una institución nacional.
o
En España, la hora de .... es una institución nacional.
En Estados Unidos, la tarta de .... es una institución nacional.

____

____

____

____

____

____

EN POCAS PALABRAS

Cómo referirse a cosas y a personas específicas

A. **¡A comer!** Lea las siguientes conversaciones e indique con flechas (→) a quién o a qué se refieren los pronombres.

EJEMPLO: HIJA: Estos camarones, ¿los debo hervir o freír?

MAMÁ: Es mejor hervirlos porque si los fríes, te quedan con mucho colesterol.

MESERO: ¿Cómo desea los huevos, señor?

CLIENTE: Fritos..., pero no los fría mucho, por favor.

MESERO: ¿Se los sirvo con jamón o salchichas?

CLIENTE: Los quiero sólo con pan tostado.

MESERO: ¿Desea mermelada y mantequilla?

CLIENTE: Mermelada no más, muchas gracias.

ANITA: ¿Le sirvo un poco más de trucha, don Diego?

DIEGO: Sí, déme un poquito más. ¿Quién la preparó?

ANITA: Mi primo Mario Su hijo la pescó ayer y me la regaló.

DIEGO: Está riquísima como este arroz. ¿Lo preparó Ud.?

ANITA: Sí, lo preparé esta mañana. Me alegro que le guste.

Cómo pedir cortésmente

B. En un restaurante. Juan Calvo trabaja de mesero en un restaurante en Miami. Escriba los mandatos de sus clientes que él oye más frecuentemente.

EJEMPLO: darme otra cerveza, por favor
Déme otra cerveza, por favor.

1. traerme una taza de café, por favor

____

2. Señor, servirnos más café, por favor

____

3. tomar estos platos sucios, por favor

____

4. mirar la carne... está cruda, ¿podría ponerla al fuego? Gracias.

____

5. ponernos más hielo en la sangría, por favor

____

6. Por favor, darnos más tiempo para mirar el menú. Todo parece tan exquisito.

____

Cómo pedir algo

C. Favores típicos. Haga una lista de los favores que siempre le piden las siguientes personas.

EJEMPLO: mi amigo
¿Me puedes prestar diez dólares, por favor?

1. mi mamá

____

2. mi papá

____

3. mi hermano(a)

____

4. mi amigo(a)

____

5. mi novio(a)

____

6. mi profesor(a)

____

Cómo expresar preferencias

D. ¡Fiesta! Imagínese que Ud. va a hacer una fiesta en casa. Claro que habrá muchos preparativos, pero también habrá cosas agradables. Escriba un párrafo indicando lo que le desagrada y lo que le vuelve loco(a) en las fiestas.

EJEMPLO: *Me desagrada sacar la basura especialmente después de un buen almuerzo con mis amigos y parientes. Otra cosa que no me gusta es el alto costo de...*

Nombre: ______________________________ Fecha: ______________

desagradar / no gustar / gustar / encantar / fascinar / volver loco(a)

Acciones	**Personas y cosas**
poner la mesa	la música rock
sacar la basura	el alto costo de...
preparar el postre	cuando mis padres...
preparar la ensalada	los juegos de salón
invitar a los amigos	el tiempo que vuela
disfrutar de la comida	mi hermano(a), que siempre
comprar los comestibles	un(a) amigo(a), que siempre
lavar y secar los platos	la policía que viene a investigar...
sentarse a comer con amigos	los vecinos que se quejan del ruido

____

____

____

____

____

____

Cómo expresar opiniones

E. **Comer juntos.** En la cultura hispana las horas de comida son muy importantes y toda la gente trata de estar en casa para comer todos juntos. Escriba un párrafo con sus opiniones sobre esto. Explique por qué está de acuerdo o en desacuerdo y también explique qué problemas prácticos pueden hacer muy difícil comer juntos.

EJEMPLO: *En mi casa, nos gusta mucho comer juntos porque... Pero a veces,...*

____

____

____

____

____

____

Cómo escribir recetas

F. **Intercambiemos nuestras recetas preferidas.** Todos tenemos algún plato preferido que sabemos preparar bien. Escriba la receta de éste u otro plato para dársela a sus amigos o a algún estudiante extranjero.

EJEMPLO: panqueques americanos
Para preparar panqueques para el desayuno, ponga un huevo, una taza de leche y dos tazas de mezcla para panqueques en una fuente. Después, revuelva y...

¡A DIVERTIRNOS MÁS!

Cómo pedir la comida en un restaurante

A. **¡Perdón, me olvidé!** Con dos compañeros, escriban una conversación entre un(a) cliente y un(a) mesero(a) que se olvida de traer uno de los platos que le pidieron. Usen el menú que aparece en la página 103 del texto para pedir la comida. Escriban la conversación usando expresiones típicas que aparecen en este capítulo para pedir comida y para hablar en la mesa .

Cómo quejarse de la atención en un restaurante

B. Una carta al gerente. Imagínese que Ud. y su novio(a) comieron en un restaurante del barrio de la universidad y se enfermaron del estómago con la comida. Ahora que está un poco mejor, Ud. le escribe al gerente del restaurante para quejarse de la comida en mal estado. En su carta, 1) quéjese de lo que pasó y 2) déle sugerencias al gerente sobre qué hacer para que esto no ocurra otra vez.

____

____

____

____

____

____

Cómo expresar opiniones

C. Estudiante extranjero. Imagínese que usted es estudiante de intercambio en North Platte, Nebraska. Ahora Ud. está almorzando con su familia norteamericana pero se siente incómodo(a) porque todos parecen estar en su propio mundo: su "hermano" está mirando la televisión, la señora está leyendo una revista, el papá está hablando por teléfono con un amigo suyo, y los dos niños pequeños están jugando con la comida. Además, le parece a Ud. que todos comen demasiado rápido. Escriba estas impresiones y otras que Ud. pueda imaginarse en una página de un diario de un estudiante extranjero.

____

____

____

____

____

____

Nombre: ______________________________ Fecha: ____________

CAPÍTULO 4
¿Vivir o sobrevivir en la ciudad?

Actividades orales

ASÍ SE DICE

Students of Spanish often complain that they cannot understand native speakers because "they talk so fast." (Speakers of other languages also complain that English speakers talk too fast.) One reason for this is that sometimes students concentrate too much on trying to understand individual words in sentences, rather than trying to understand the main ideas in the message. Native speakers of any language understand one another easily because they listen for the important pieces of information.

You are now going to practice recognizing and pronouncing important pieces of information. The following exercise, and other exercises in upcoming chapters, will help you become familiar with linking words. In spoken Spanish, words fuse together whenever two or more vowels, two similar consonants, or a consonant and one or more vowels can be linked across words that form a meaningful unit of information.

Cómo decir dónde está algo

A. **¿Dónde está?** Para decir o comprender instrucciones acerca de dónde está un lugar, es importante unir o conectar las palabras, porque nadie separa las palabras al hablar. Por ejemplo, escuche cómo se dice la siguiente dirección y compare la forma escrita con la forma oral.

EJEMPLO: Forma escrita: Está en Uruguay 32.

Ahora escuche atentamente las respuestas a las preguntas que siguen y después trate de imitar la pronunciación durante las pausas, sin separar las palabras.

1. —Está frente a la Alameda.
2. —Está en el Zócalo.
3. —Queda en la plaza Garibaldi.
4. —Ahí en la calle Hamburgo.
5. —Ahí en Insurgentes y Chapultepec.
6. —Ahí en Insurgentes y Chapultepec también.

Cómo pedir ayuda

B. ¿Puedo ir en metro o en camión? Una manera bastante común de pedir ayuda es hacer una pregunta con dos alternativas y, de esta manera, hacer que el informante nos dé el mejor consejo. En las preguntas con dos alternativas, la voz sube en la primera alternativa y baja en la segunda. Escuche las siguientes indicaciones sobre un lugar, haga una pregunta con las dos alternativas dadas y escuche la respuesta del informante.

EJEMPLO: Una persona dice: La universidad está por ese lado.

↗ ↘
metro / camión

↗ ↘
Ud. dice: *¿Debo tomar el metro o el camión?*
La otra persona dice: El metro es más rápido y más cómodo.

1. debo / a pie / en camión
2. debo / el sábado / el domingo
3. está a la izquierda / a la derecha
4. está arriba / abajo
5. debo / al parque Chapultepec / al parque Alameda
6. debo / al Museo de Antropología / al Museo de Arte Moderno

¿CÓMO SE DICE?

Cómo seguir instrucciones

A. En la ciudad de Cuernavaca. Imagínese que Ud. está estudiando español en Cuernavaca y viviendo con una familia mexicana. En este momento, Ud. está en la Catedral (marcada con una X en el mapa). Ud. quiere ir a la Compañía de Teléfonos para hacer una llamada de larga distancia y también al Supermercado Sardinero. Según las instrucciones que le dé la señorita, dibuje una línea desde la Catedral hasta la Compañía de Teléfonos y el supermercado.

EL CENTRO DE CUERNAVACA

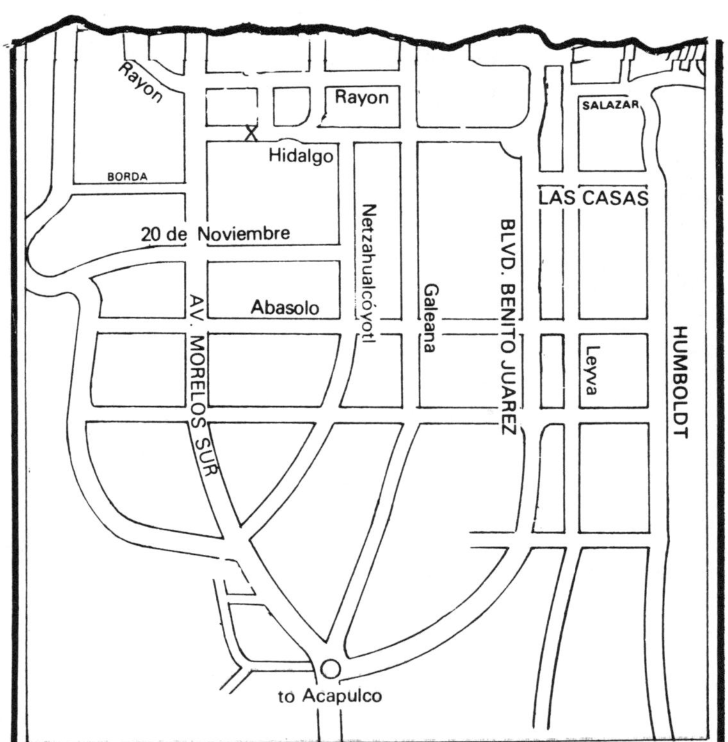

Nombre: ______________________________ Fecha: ____________

Cómo dar consejos

B. Un viaje peligroso. Escuche cada situación, luego dé la respuesta más lógica según lo que Ud. escuchó. Después, va a escuchar la respuesta correcta.

EJEMPLO: —¡Alberto, para, para!
—Alberto, pasa.
—Mucho tránsito, ¿no?

1. —¡Caramba! ¡Mira ese accidente!
—Está prohibido estacionarse aquí.
—Alberto, ¡vamos en contra del tránsito!

2. —Alberto, no gires en U, por favor.
—Alberto, ¡cuidado con los peatones!
—¡Alberto, da la vuelta a la derecha!

3. —¡Alberto, ceda el paso!
—¡Semáforo, cuidado!
—Alberto, ¡anda más despacio, por favor!

4. —Alberto, allí hay una cabina telefónica.
—Alberto, párate en ese buzón.
—Párate aquí, a este lado de la calle.

5. —Alberto, veo que faltan 20 kilómetros.
—Alberto, ¡es el colmo!
—¡Alto! ¡Para! ¡Para!

PERSPECTIVAS AUTÉNTICAS

Cómo comprender al guía de una excursión

A. Las estaciones del metro de México. Imagínese que Ud. está en la Ciudad de México y que el guía de turismo le está mostrando el metro. Escuche la descripción del metro. Después, escuche la grabación por segunda vez y aparee los nombres de las estaciones con sus símbolos según lo que dice el guía.

Zócalo

Candelaria

Chapultepec

Juanacatlán

Pino Suárez

Emiliano Zapata

Pancho Villa

Isabel la Católica

Cómo describir los problemas urbanos

B. Las últimas noticias. Escuche el siguiente noticiario de la radio dos veces. Después de escucharlo la primera vez, escriba en inglés un resumen de las ideas principales del noticiario.

Ahora escuche el noticiario por segunda vez, luego complete estas oraciones.

1. La huelga del STP va a paralizar ____.
   a. a muy pocas personas
   b. la policía y los sindicatos
   c. autobuses, trenes y aviones

2. Han declarado la huelga porque ____.
   a. el señor Chávez quiere más gasolina
   b. el 100 por ciento de los choferes está de acuerdo
   c. los choferes quieren sueldos más altos

3. Hoy día, la inflación es más del ____.
   a. 200 por ciento
   b. 300 por ciento
   c. 600 por ciento

4. Chávez opina que la huelga ____.
   a. durará sólo una semana
   b. durará un rato más
   c. no se solucionará

5. Hay gente que está a favor de la huelga porque ___.
   a. los choferes ganan buenos salarios
   b. todo cuesta más caro que hace seis meses
   c. ya están cansados de tantos problemas

EN POCAS PALABRAS

Cómo explicar lo que pasó

A. **¿Dónde ocurrió eso?** Escuche cada una de las siguientes narraciones y después indique dónde cree Ud. que ocurrió eso.

EJEMPLO: Miró a la gente, dijo que el tren ya iba a partir y después se subió al tren.
   a. en la calle
   b. en el autobús
   c. *en el metro*

1. a. en el metro
   b. en la calle
   c. en el autobús

2. a. en el estadio
   b. en la calle
   c. en el hospital

3. a. en el hospital
   b. en la calle
   c. en un hotel

4. a. en la ciudad
   b. en la universidad
   c. en la cafetería

Nombre: ______________________________ Fecha: ____________

Cómo seguir la idea de una historia

B. Minitragedias. Escuche cada una de las siguientes historias dos veces y complételas con *una* de las alternativas dadas, según el sentido de la historia. Luego, escuche la respuesta.

EJEMPLO: Fíjate que ayer llovió toda la tarde, pero yo salí de casa temprano y no llevé mi paraguas. Menos mal que ____.
a. dejó de llover
b. los paraguas son tan caros
c. mi compañera me trajo en su moto

Menos mal que... *dejó de llover*

1. a. el metro se paró
   b. nos vamos a casa otra vez
   c. decidimos quedarnos a cenar en el centro

2. a. compramos más agua mineral
   b. va a pasar el camión por la calle
   c. esperamos el camión la próxima semana

3. a. tiene un balcón muy bonito
   b. está muy feo y triste sin plantas
   c. tiene plantas afuera en el sol

4. a. le escribí una carta al señor Rosas
   b. me caí en la escalera
   c. instalaron más trenes subterráneos rápidos

5. a. vi que la máquina no funcionaba
   b. tuve que lavar la ropa a mano
   c. puse la radio y escuché mi programa preferido

Cómo relatar acciones en secuencia

C. Final feliz. Escuche cada una de estas narraciones dos veces. Después, elija los dibujos correctos y póngales números para indicar en qué secuencia ocurrieron las cosas en cada historia. Preste atención porque algunos de los dibujos tienen errores.

EJEMPLO: Ayer tomé el camión muy temprano por la mañana; hacía mucho frío y no tomé desayuno, así es que me dormí como por media hora. Cuando me desperté, vi que un ratero me había robado el bolso.

2 1 3 X

Usted tiene que numerar todos los dibujos, excepto el que muestra al ratero robando el bolso a la bajada del autobús.

1

2

3

Nombre: ____ Fecha: ____________

¡A DIVERTIRNOS MÁS!

A. Noticiario del tráfico. Escuche la grabación sobre el estado de las vías de circulación y problemas del tráfico a la hora de mayor congestión. Marque en el mapa con una X todos los lugares mencionados por el locutor y luego escriba qué problema existe en cada uno de ellos. (*Hay tres problemas distintos.*)

EL CENTRO: LA CIUDAD DE MÉXICO

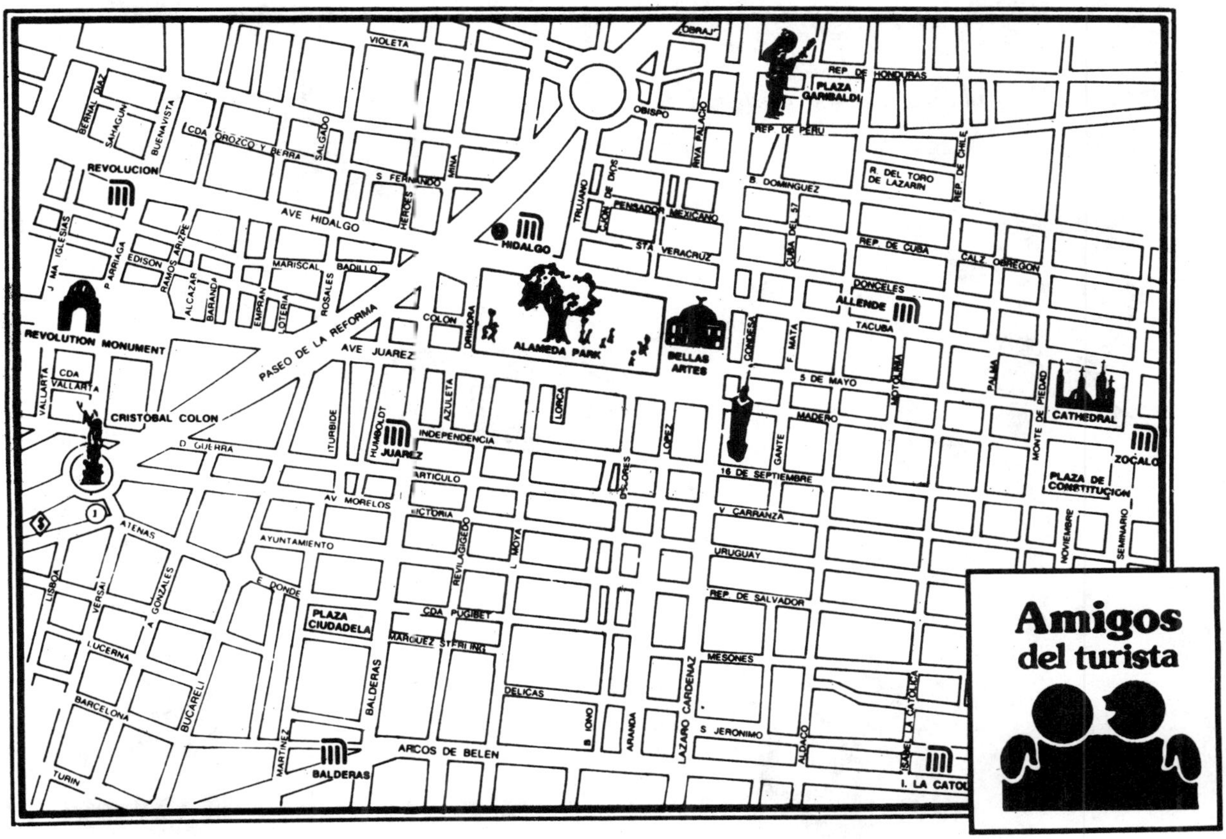

____

____

____

Actividades escritas

¿CÓMO SE DICE?

Cómo interpretar las señales del tráfico

A. **Rótulos de la ciudad.** Escriba en español una corta definición del significado de los siguientes letreros.

EJEMPLO: *Estacionamiento. Aquí se puede estacionar el auto.*

1

2

3

4

5

1. ____

2. ____

3. ____

4. ____

5. ____

Nombre: ______________________________ Fecha: ______________

Cómo describir dónde

B. ¿Dónde están? Mire el dibujo y describa exactamente dónde están las siguientes cosas en relación de una con la otra.

EJEMPLO: El semáforo está en la acera, enfrente del teléfono público.

1. el buzón

____

2. el parquímetro

____

3. el farol (la luz)

____

4. el estacionamiento

____

5. el teléfono público

____

6. la parada de autobuses

____

Cómo ayudar a un(a) visitante

C. **¿Me puede ayudar?** Para poder ayudar a alguien, es conveniente saber describir dónde están los lugares importantes de la ciudad. Lea las preguntas de los visitantes, mire el mapa de México, D.F. y después escriba una descripción de dónde está el lugar que ellos buscan. En este momento, Ud. está en el Zócalo.

EJEMPLO: —Perdóneme, me han dicho que todos los domingos por la tarde hay una banda que toca música en el Parque Alameda. ¿Dónde está el parque?

—Bueno, vaya Ud. por la Calle Madero y siga caminando todo derecho como seis o siete cuadras.

EL CENTRO: LA CIUDAD DE MÉXICO

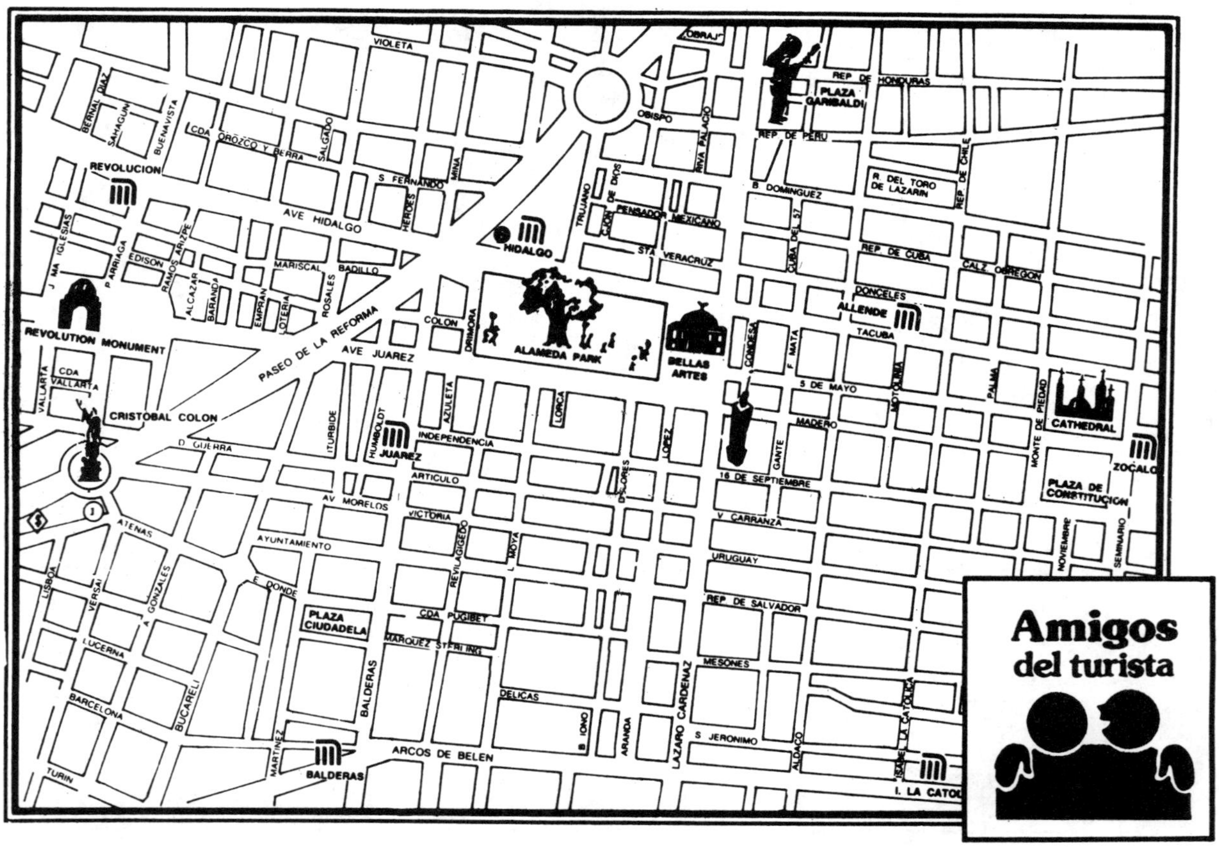

Nombre: ______________________________ Fecha: ____________

1. —Perdone, señorita, ¿sabe Ud. dónde queda la estación Balderas?

____

____

2. —Señor, por favor, ¿dónde está el monumento a Cristóbal Colón?

____

____

3. —Por favor, dígame, ¿dónde está el Palacio de Bellas Artes?

____

____

4. —Disculpe, por favor, ¿me puede indicar dónde queda la Plaza Garibaldi?

____

____

5. —Perdone, por favor, ¿por qué calle puedo llegar al Monumento de la Revolución?

____

____

Cómo describir problemas urbanos

D. ¡Ay! ¡Qué lío! Hoy en día hay problemas en todas las metrópolis del mundo. Complete el siguiente párrafo para describir algunos problemas en diferentes ciudades que Ud. conoce.

EJEMPLOS: Hay tanta gente en la ciudad de Nueva York.
En mi ciudad no hay buen transporte público.

Creo que hay una huelga de obreros (maestros / choferes de autobuses) en ______________. Estoy seguro(a) que hay escasez de casas para los pobres de ______________. Ahora no hay mucho empleo en ______________ y hay tanta inflación en ______________. Desafortunadamente, hay mucha contaminación del aire en la ciudad de ______________. En ______________ hay mucha pobreza y en ______________ hay colas para todos los servicios públicos.

Cómo escribir una carta de reclamo

E. **Un(a) americano(a) en Madrid.** Imagínese que Ud. está estudiando en Madrid y que, con unos amigos, ha alquilado un apartamento cerca de la universidad. Ahora tienen que escribir una carta para reclamar algunas cosas que no funcionan bien en el apartamento. Complete la siguiente carta con todo lo que no funciona o no está bien en su apartamento.

Madrid, ___ de ______________ de 19___

Señor José Manuel Infante de los Ríos
Bravo Murillo, 624
28020 Madrid

Estimado señor ______________:

La presente es para pedirle hacer reparar algunos desperfectos que hay en el apartamento, a saber:

La luz de (del) ____________ no funciona.

El refrigerador ____

____

La llave del agua ______________ del baño (de la ducha) ______________________

____

En la cocina, ____

____

No podemos abrir la ventana de ______________________________________

La puerta de ____

____

Le quedaremos muy agradecidos por su consideración a la presente. Le saludan,

Atte.,

____
(firma)

____
(dirección)

Nombre: ______________________________ Fecha: ____________

PERSPECTIVAS AUTÉNTICAS

Cómo ampliar su vocabulario

A. **Asociaciones.** Lea lo siguiente y cambie las palabras en letra cursiva por otras de la lista. Siga el ejemplo.

EJEMPLO: El *sistema de trenes subterráneos* de la Ciudad de México es bastante eficiente y económico.
*El **metro** de la Ciudad de México es bastante eficiente y económico.*

va	método	admiración	monstruosas
metro	policías	muy cansado	medio
de verdad	sin considerar	sabor	hermosura
muchas	económico	hoy día	aproximadamente
estilo	residentes	violaciones de la ley	

El *sistema de trenes subterráneos* de la Ciudad de México es bastante eficiente y económico. Muchos de sus *habitantes* lo usan diariamente. Para ellos el metro tiene un cierto *encanto* mexicano; su *orgullo* se refleja en el orden y el *diseño* de sus numerosas estaciones.

El metro mexicano es un *medio* de transporte fácil y *barato* para los capitalinos. *Actualmente,* el sistema transporta millones de personas debajo de calles donde hay congestiones *descomunales.* Este eficiente metro puede alcanzar *un promedio* de 35 kilómetros por hora mientras que el otro transporte público *circula* a sólo 22 kilómetros por hora.

A pesar del gran número de personas que usan el metro, hay pocos *delitos* porque hay *guardias* que mantienen constante vigilancia. *De hecho,* el metro es uno de los más seguros del mundo. El viajero que no está acostumbrado a la altura de la ciudad puede estar *agotado* después de usar el metro por varias horas. Pero dentro de poco tiempo, se acostumbrará a la eficacia y la *belleza* de esta magnífica *forma* de transporte público.

Cómo hacer comentarios

B. **El lado bueno de una ciudad.** En cualquier ciudad del mundo, se encuentran aspectos positivos y negativos. Ahora, pensemos en las cosas positivas, como se hace en el artículo "El estupendo metro de México", (páginas 112-114 del texto). Lea de nuevo este artículo, luego escriba sobre un adelanto o aspecto positivo de una ciudad que Ud. conoce bien. Use expresiones como:

tanto... como..., dicen que..., mientras más (menos)..., más (menos)..., mientras que...

EJEMPLO: adelanto *nuevo aeropuerto*

Tanto el público **como** los industriales de nuestra región están muy impresionados por la rapidez con que se terminó nuestro nuevo aeropuerto. Debe recordarse bien que el año pasado, **mientras más** se hablaba del nuevo proyecto, **menos**...

EN POCAS PALABRAS

Cómo contar qué pasó

A. **Diario de viaje.** Lea los siguientes párrafos e indique si debe usar el pretérito o el imperfecto de los verbos entre paréntesis.

5-6-7 de enero de 1991. Turismo por el centro de la ciudad. Con los primos *(visité / visitaba)* el Parque Forestal y me *(encantaban / encantaron)* las largas y anchas avenidas de árboles llamados plátanos orientales. De paso, mis primos chilenos y yo *(entramos / entrábamos)* en el Museo de Bellas Artes, donde *(admirábamos / admiramos)* la belleza de la estatua de Icaro y Dédalo que *(estuvo / estaba)* a la entrada. Pero las que más me *(llamaron / llamaban)* la atención *(eran / fueron)* las pinturas de temas marinos del pintor Pacheco Altamirano.

¡Ah! casi me *(olvidaba / olvidé)* de anotarlo. La otra cosa que me *(llamaba / llamó)* mucho la atención *(fue / era)* el paseo peatonal de la calle Ahumada. Allí sólo puede transitar gente, por eso los vehículos particulares o de transporte público no *(pudieron / podían)* transitar. En realidad, no *(hubo / había)* calle ni cruce de peatones, ni semáforos, pero sí cabinas telefónicas, muchos faroles

Nombre: ______________________________ Fecha: ____________

de estilo colonial y asientos para la gente. Como *(había / hubo)* tanta gente yo siempre *(tenía / tuve)* cuidado con mi máquina fotográfica y con mi cartera. No *(quería / quise)* que un ratero me diera un mal rato. El paseo *(fue / era)* ruidoso porque toda la gente *(conversaba / conversó)* en voz alta y las tiendas de discos *(tocaban / tocaron)* música muy fuerte. ¡Qué linda experiencia!

Cómo describir lo que pasó

B. Lucho. Complete el siguiente cuento usando formas correctas del pretérito o del imperfecto de los verbos entre paréntesis.

Con las primeras luces de la madrugada Lucho ______________ *(ir)* caminando por una calle cuando ______________ *(ver)* algo que ______________ *(brillar)* en las grietas de la acera. De súbito, ______________ *(pararse)* para ver qué cosa ______________ *(ser)*: un anillo de oro con brillantes. Lucho lo ______________ *(tomar)*, lo ______________ *(mirar)* con gran excitación, y luego lo ______________ *(meter)* en un bolsillo de su viejo abrigo. El pobre hombre ______________ *(mirar)* alrededor nerviosamente, pero nadie lo ______________ *(ver)*. Luego, Lucho ______________ *(correr)* rápidamente a su casa para ver más de cerca el pequeño tesoro que ______________ *(haber)* encontrado. Sus manos ______________ *(temblar)* y su corazón ______________ *(palpitar)* de ansiedad:

—¿Es realmente de oro?, ______________ *(preguntarse)* Lucho. —¿Cuánto valdrá? Debo ir a la joyería de Don Samuel para saber cuánto vale.

Lucho ______________ *(ir)* a la Calle Olivera y ______________ *(entrar)* en la joyería. Don Samuel ______________ *(demostrar)* interés en el anillo inmediatamente y le ______________ *(decir)* a Lucho que esa mañana lo ______________ *(haber)* llamado para avisarle que por la noche se ______________ *(haber)* robado gran cantidad de joyas de una de las tiendas del centro. Efectivamente, el anillo ______________ *(ser)* parte del botín y ese día Lucho ______________ *(recibir)* una recompensa de $50.000 pesos por la pieza que él ______________ *(encontrar)* en la acera. ¡Qué suerte ______________ *(tener)* el buen hombre!

Cómo contar qué ha pasado

C. **Anita y Maribel.** Complete la siguiente conversación y las frases que la siguen, usando el presente perfecto de los verbos entre paréntesis.

ANITA: Hola, Maribel. ¿Cómo _______________ _______________ *(estar)*?

MARIBEL: Muy bien, ¿y tú?

ANITA: Bien, pero tengo mucha hambre. ¿_______________ _______________ *(comer)* en el Chalet Suizo, ese restaurante que está en el centro?

MARIBEL: Sí, mi tía y yo _______________ _______________ *(almorzar)* allí, pero una sola vez. ¿Por qué?

ANITA: Porque ahora quiero invitarte yo. Dicen que tienen unos bistecs fabulosos y unos postres mejores todavía.

MARIBEL: Sí, _______________ _______________ *(ver)* los anuncios del Chalet Suizo en los periódicos y los _______________ _______________ *(oír)* en la radio también. Me gustaría mucho ir por segunda vez, pero es muy caro.

ANITA: Pero si yo te estoy invitando porque tú siempre _______________ _______________ *(ser)* tan buena conmigo. Entonces, ¿vamos?

MARIBEL: ¡Claro que sí!...con mucho gusto, pero yo pago el postre.

1. Maribel le dijo a Anita que ella _______________ _______________ *(estar)* bien.
2. Anita tiene hambre porque no _______________ _______________ *(comer)* nada hoy.
3. Maribel y su tía _______________ _______________ *(almorzar)* en el Chalet Suizo.
4. Maribel dijo que ella _______________ _______________ *(ver)* los anuncios de ese restaurante y que los _______________ _______________ *(oír)* en la radio.

Cómo persuadir con lo que ha sucedido

D. **Agencia de Viajes Mundo Nuevo.** Complete el siguiente aviso de una agencia de turismo usando el presente perfecto de los verbos entre paréntesis.

Nombre: ____________________ Fecha: __________

¿Se __________ __________ *(tomar)* un descanso del ruido, del esmog, del tránsito, del metro y de la delincuencia de la ciudad?

¿Cuántas veces __________ __________ *(pensar)* salir de esta ciudad tan ruidosa, con tanta basura en las calles y los choferes del transporte público con sus continuos paros de protesta?

¿Alguien que se preocupa por usted le __________ __________ *(contar)*, le __________ __________ *(hablar)*, le __________ __________ *(mostrar)*, le __________ __________ *(decir)*, lo fácil, lo barato, lo hermoso y lo descansado que es visitar las ruinas mayas en la Península de Yucatán o pasarse 15 días de sol y aire puro en una de las hermosas y tranquilas playas de aguas cristalinas de Cozumel?

¿Si nadie lo __________ __________ *(hacer)* todavía, venga a visitarnos ahora mismo. Nosotros __________ __________ *(estar)* pensando en usted todo el tiempo.

Agencia Aguamar

En el centro del Centro.

Cómo describir su vida cuando era chico(a)

E. La vida en mi barrio. Escriba tres párrafos cortos sobre cómo era la vida en su calle o su barrio cuando Ud. era chico(a). Recuerde que se usa el imperfecto para describir escenas, calles, barrios y actividades habituales. (Repase el imperfecto en las páginas 119-126 del libro.)

Sugerencias:

1. Describe how the town or city looked... (choose one.)
   a. on a crisp, autumn day at dusk.
   b. in the full blossom of Spring.
   c. in the midst of a hot, summer afternoon.
   d. on a lovely Sunday morning after a rainstorm or an eight-inch snowfall.
2. Tell where the most important buildings were and what went on in them.
3. Tell what the residents there customarily did for a living.
4. Tell what your family did for a living.

____

____

____

Cómo contar cosas del pasado

F. **Y fíjate que una vez...** Ahora que Ud. ya tiene la descripción del escenario *(stage)*, en uno o dos párrafos cuente algo real o imaginario que haya ocurrido en su barrio cuando Ud. era chico(a). Recuerde que la narración de lo que pasó (la acción) se hace en el pretérito. Consulte las páginas 119-126 del libro si es necesario.

Sugerencias:

1. Identify at least two main characters. Describe what they looked like, how they were dressed, what kind of work they did, and their relationship to each other. Use the imperfect to describe appearance.
2. Describe what happened that particular time. Be specific as to the location, cause, and effect of the actions.
3. Include your own opinions, thoughts, feelings, and beliefs vis-à-vis the characters.

¡A DIVERTIRNOS MÁS!

Cómo interpretar rótulos

A. **Para estar bien preparado.** Use la siguiente tabla del metro de Madrid para escribir algunas notas sobre qué servicios hay en las distintas estaciones.

EJEMPLO: ¿En qué estación de La Línea 6 puedo hacer algunas compras?
Para hacer compras, tengo que bajarme en la estación Sáinz.

Nombre: ________________________________ Fecha: ______________

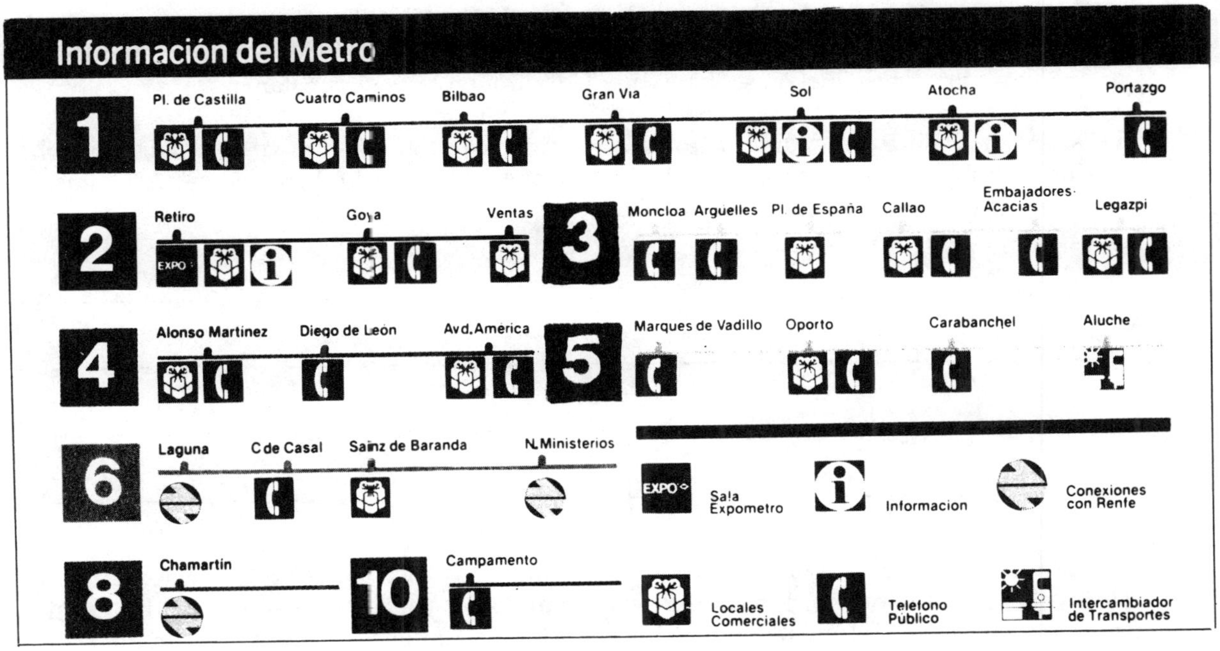

1. ¿Dónde hay una oficina de informaciones en la Línea 2?

____

2. ¿Qué estación de la Línea 1 me ofrece más servicios? ¿Qué hay allí?

____

3. Parece que casi todas las estaciones tienen teléfono. ¿Cuáles no lo tienen?

____

4. ¿Cuál es la única línea en que puedo bajarme del metro y después conectar con un autobús?

____

5. Según la cantidad de servicios que ofrecen, ¿cuáles son las estaciones más importantes del metro de Madrid?

____

6. Me dijeron que había una exposición sobre el metro en una estación. ¿Qué estación será?

____

Cómo pedir ayuda

B. **¡Le podría pasar a Ud. en México, D.F.!** Imagínese que Ud. está visitando la capital de México por primera vez. Como Ud. no conoce la ciudad, tiene que pedirle indicaciones a alguien. Primero, lea cada una de las situaciones, luego escriba lo que Ud. diría en tales circunstancias.

1. You are at the Benito Juárez International Airport in Mexico City. You go to a public telephone to call a friend, but you discover that the phone takes only metal tokens *(fichas)*, not coins. What would you do and say?

____

____

____

____

2. A friend dropped you off at Universidad Autónoma de México (UNAM) in Mexico City. Later, you wait one hour for him to pick you up and take you back to your hotel in the city center, but so far he has not shown up. You decide to take the subway downtown but you don't know where to get it or how to use it. You decide to find out this information by asking a UNAM student; write what you would say to get his or her attention, then what you would ask.

____

____

____

____

3. You have rented a car in Mexico City. You park the car near a friend's apartment, lock the car, visit your friend, then return to the car two hours later. You find a parking ticket on the windshield. Apparently, you did not see this sign near your car: *Prohibido estacionarse.* You return to the car rental agency to request assistance. Write what you would say.

____

____

____

____

Nombre: ______________________________ Fecha: ____________

CAPÍTULO 5
¡A pasarlo bien!

Actividades orales

ASÍ SE DICE

Cómo hablar del futuro

A. **Resoluciones.** Cuando hablamos del futuro en español, a menudo usamos frases con **voy a**. En estos casos, fíjese cómo las frases *voyahacer* o *voyair* o *voyaentrenarme* se dicen con las palabras totalmente conectadas. Esta es la lista de cosas que se ha propuesto hacer Mariana después de Reyes. Después de escucharla a ella, dé Ud. su propia resolución, usando la frase incompleta y poniendo mucha atención a no separar las palabras artificialmente.

EJEMPLO: Mariana: En febrero voy a entrenarme todos los días, ¿y tú?
Usted: En febrero voy a entrenarme... *todos los días también.*

1. En el invierno voy a hacer...
2. Para las vacaciones de primavera voy a ir a...
3. En julio voy a estar...
4. Cuando empiecen las clases, voy a estudiar...
5. Cuando tenga un uniforme nuevo, voy a entrenarme...

B. **El porvenir.** Cuando se habla del futuro es importante mantener las vocales muy firmes para que la gente nos entienda bien. Escuche:

Cuando termine de entrenarme, pienso ducharme y salir con un amigo.

La vocal final del verbo *terminar* es muy importante porque si se pronuncia mal, cambia el significado de la forma verbal. Ponga mucha atención a las siguientes preguntas y después contéstelas completando las frases incompletas.

EJEMPLO: ¿Qué piensas hacer después de que esta clase termine?
Cuando la clase **termine,**... *quiero ir a comer algo.*

1. Cuando el semestre **termine**...
2. Después que **ahorre** un poco de dinero...
3. Cuando **vaya** a una ciudad grande...
4. Cuando **vengan** las fiestas de fin de año...
5. Cuando **se acaben** las clases...
6. Después que **haga** estos ejercicios...

¿CÓMO SE DICE?

Cómo sugerir ideas para divertirse

A. **Aló, ¿con quién?** Imagínese que una amiga hispana lo (la) llama por teléfono para sugerirle algunas ideas para pasarlo bien. Primero, escuche las preguntas que ella le hace y luego conteste las preguntas durante las pausas.

1. Bien, gracias. / No muy bien, ¿y tú?
2. Sí, me encantaría porque... / No, no puedo porque...
3. Sí, me gustaría mucho... / Ay, no, lo siento pero...
4. Bueno, te espero... / No, mejor que vaya en mi auto...

PERSPECTIVAS AUTÉNTICAS

Cómo hablar del futuro

A. **Entrevista con un futuro Andújar.** Escuche dos veces la entrevista que una periodista le hizo a un muchacho de Santo Domingo. La segunda vez, anote qué aspiraciones tiene el muchacho y cuándo piensa realizarlas. Use el siguiente plan de vida.

EJEMPLO: El muchacho dice: ...después que termine la fiesta de Reyes me voy a ir a trabajar en la plantación...
Usted anota: ¿Cuándo? *después que termine la fiesta de Reyes*
Aspiración: *piensa irse a trabajar en la plantación*

PLAN DE VIDA DE MIGUEL

¿Cuándo? *¿Qué piensa hacer? (Aspiraciones)*

1. ______________________________

2. ______________________________

3. ______________________________

4. ______________________________

Nombre: ______________________ Fecha: ____________

EN POCAS PALABRAS

Cómo describir algunos accidentes deportivos

A. Urgencias. Escuche la grabación sobre un reportaje hecho durante los Juegos Panamericanos realizados en Indianápolis, Estados Unidos, en el verano de 1987. El reportero está ahora en el estadio, donde hay algunos atletas que se han lesionado en el campo de deportes. En el espacio correspondiente escriba lo que les pasó a cada uno de los atletas.

EJEMPLO: Ana Gloria Roldán, nadadora
Se cayó y se cortó la pierna izquierda.

1. Delfín Martínez, boxeador ______________________
____
2. Rosa Ríos Ponce, atleta ______________________
____
3. Ricardo López, maratonista ______________________
____
4. José Luis, futbolista ______________________
____

Cómo tomar notas de las noticias deportivas

B. Panorama deportivo de verano. Para pasarlo bien, es necesario poner atención cuando dan la lista de eventos deportivos para la semana. Escuche una vez la grabación sobre el panorama deportivo en varias playas, lagos y ciudades de Chile. Luego, escuche por segunda vez y tome apuntes sobre el evento en el lugar correspondiente según el dibujo. Al terminar la actividad, quizás sea necesario escuchar la grabación por tercera vez para verificar sus respuestas.

EJEMPLO: ...y en las competencias de vela a efectuarse en la playa de Recreo, no creo que el equipo de Laguna Verde gane, porque el equipo de Viña del Mar está mucho mejor preparado. Se espera entonces que el ganador sea el conjunto de Viña del Mar. La entrada es, por supuesto, gratis.

1. Deporte *vela*
2. Equipos *Laguna Verde y Viña del Mar*
3. Posible ganador *Viña del Mar*

PANORAMA DEPORTIVO

Gimnasio Municipal de Puente Alto. 18 horas: Ceremonia inaugural del XXXIV Nacional Femenino Adulto. 19 horas: Concepción-Villarrica; 20.30 horas: Santiago-Antofagasta; y 22 horas: La Serena Valparaíso. Libre: Puente Alto.

Torneo Conchalí. 8.30 horas: Circuito Avenida Dorsal. Participan todas las categorías.

Reñaca Alto. 11 horas: segunda fecha y final del Campeonato de Verano.

Club de Tenis Unión de Viña del Mar. Finales en dobles y single del Torneo Viceroy Tennis Cup.

Gimnasio Municipal de Talca. 9 horas: Campeonato Nacional Todo Competidor.

 ______________________________

____

____

 ______________________________

____

____

 ______________________________

____

____

 ______________________________

____

____

¡A DIVERTIRNOS MÁS!

Cómo hablar de sus planes

A. **Mis propios planes.** Imagínese que un reportero del periódico de la universidad lo(a) entrevista. ¿Qué contestaría Ud.? Después de cada pregunta, dé su respuesta durante la pausa. *(6 preguntas)*

EJEMPLO: Reportero: ¿Y qué piensa hacer después de terminar sus exámenes?
Ud. puede decir: *Después que terminen los exámenes, pienso irme a trabajar al Parque de Diversiones.*

Cómo escuchar una narración en el pasado

B. **¡A pasarlo bien en Cancún!** Escuche la grabación, luego indique si cada oración es verdadera (V) o falsa (F), según lo que usted comprendió.

1. ___ Luis y Rosa son dominicanos.
2. ___ León es una ciudad mexicana.
3. ___ Ricardo y su esposa están de vacaciones en León.
4. ___ Parece que todo les salió bien a las dos parejas.
5. ___ Las dos parejas alquilaron un carro para ir a la Isla Mujeres.
6. ___ Las dos parejas se conocieron en una piscina de Xel-Ha.

Nombre: ______________________________ Fecha: ______________

Actividades escritas

¿CÓMO SE DICE?

Cómo decir cuándo y dónde le gusta hacer algo

A. Y Ud., ¿qué dice? Nombre una ocasión o un lugar donde...

1. le guste jugar juegos de salón. ______________
2. sea bonito montar en bicicleta. ______________
3. se pueda patinar en un lago bonito. ______________
4. se pueda vitrinear con un(a) amigo(a). ______________
5. a Ud. le guste ver partidos profesionales. ______________

B. ¿Cuál le gusta más y cuánto? Primero, indique qué pasatiempos y deportes le gustan o no le gustan a Ud., usando la escala de 1 a 3. Luego, escoja el pasatiempo o deporte que le agrada más y, en un párrafo, escriba por qué le agrada, con quién hace Ud. esto, cuándo y dónde.

1 = Me agrada muchísimo.
2 = Me gusta un poco.
3 = Me carga.

___ nadar	___ jugar *backgammon*	___ echar una siesta
___ dormir	___ mirar la televisión	___ montar en bicicleta
___ cocinar	___ ir de compras	___ jugar dominó/ajedrez
___ bucear	___ jugar básquetbol	___ tejer suéteres
___ patinar	___ hablar por teléfono	___ jugar fútbol
___ tomar el sol	___ lavar mi carro	___ ir al teatro
___ ir a fiestas	___ pasear por la calle	___ ir a conciertos de rock
___ jugar boliche	___ jugar fútbol americano	___ montar a caballo
___ broncearme	___ ir al cine con amigos	___ pasear en auto
___ reparar mi auto	___ pasear en bote de vela	___ dar una vuelta

____

____

C. **El costo de hacer deporte.** Hay deportes que exigen una gran cantidad de equipo y hay otros para los que no se necesita casi nada. Prepare un informe de un deporte muy barato y de otro muy caro, incluyendo el costo del equipo mínimo en cada caso.

tenis	*esquí*	*automovilismo*	*natación*	*ciclismo*
raqueta	esquís	auto de carrera	traje de baño	bicicleta de carrera
pelotas	bastones *(ski poles)*	ayudantes	gafas	casco
zapatos	botas	casco	gorra	zapatos
ropa	guantes	buzo de corredor		
	gafas	gafas		
	ropa			

PERSPECTIVAS AUTÉNTICAS

Cómo expresarse mejor en español

A. **Amplíe su vocabulario.** Escriba de nuevo las siguientes oraciones, dando un sinónimo de la lista.

EJEMPLO: La juventud goza del sol.
A la juventud le gusta el sol.

así	deportes	diversiones
van	gustarle	tomar el sol
filas	facilidades	del gobierno
trabajo	de noche	ayudas financieras
meseros	encontrarse	los rumores
hacer	preferidos	acerca de

La juventud siempre goza del sol y de los deportes al aire libre. Muchos jóvenes *se broncean* simplemente y muchos otros *practican* deportes como el voleibol o el fútbol.

Durante el verano, los centros comerciales también ofrecen *entretenimientos* para ellos y *se juntan* allí para ir al cine y luego visitar las tiendas de música donde escuchan a sus cantantes *favoritos.*

Durante el verano y las vacaciones de invierno muchos jóvenes trabajan de *camareros* y otros participan en programas *gubernamentales,* donde aprenden diferentes *labores. De esta manera,* ellos pueden aprender y ganar dinero.

A veces, los jóvenes de ambos sexos también reciben *becas* que alivian la carga económica que les significa tomar clases durante el verano.

La vida *nocturna* de los jóvenes varía según el lugar. Algunos de ellos *acuden* a la plaza principal para juntarse con sus amigos. Otros van a las discotecas donde esperan en largas *colas* para entrar. Claro que todos los jóvenes hablan de los últimos *chismes sobre* sus amigos y profesores.

Cómo hablar de un deporte popular

B. Nuevas caras en el béisbol. Complete Ud. la siguiente noticia, si sabe un poquito de béisbol.

ALGUNOS CAMBIOS EN LA LIGA AMERICANA

División del Este. Cansados de no ______________ la liga, los Toronto Blue ______________ han contratado al segunda ______________ puertorriqueño Roberto Alomar y al jardinero Joe Carter, ambos de San Diego. También ______________ al ______________ Devon White. Por su parte, el dominicano Manny Lee intentará sustituir a Tony Fernández. El resultado de estos cambios será tener un ______________ más completo, con juego de conjunto y menos individualista que el equipo anterior.

Por su parte los ______________ Red Sox, campeones de la división, se deshicieron de Dwight Evans, un ______________ casi permanente por más de 18 años en el jardín derecho. También tienen contratado al primera ______________ Jack Clark, al zurdo Matt Young y al derecho Danny Darwin.

División del Oeste. Los California Angels, por su _______________ hicieron pocos _______________, por lo tanto no se espera grandes _______________ por parte de ellos. Los Chicago White _______________ se aprontan para una nueva época. Cuentan con los jóvenes jugadores Ozzie Guillén, venezolano, y el jardinero dominicano, Sammy Sosa. Para cumplir con su afán de _______________ a los Oakland A's, campeones de la liga los últimos tres años, _______________ al jardinero Tim Raines de Montreal. Un jugador casi tan _______________ como lo es para los A's Ricky Henderson.

Tomado de Más, *marzo-abril 1991, vol.iii, Nº2.*

C. **Mis pasatiempos y deportes.** Escriba una composición de cuatro párrafos en los que Ud. describe sus pasatiempos y deportes predilectos.

En la primavera, me gusta ______________________________

____

En el verano, normalmente ______________________________

____

Luego, en el otoño, mis amigos y yo ______________________________

____

Por fin, en el invierno, ______________________________

____

Cómo contar sobre sus actividades y opiniones

D. **Ahora le toca a Ud.** Escoja dos o tres de los siguientes temas y escriba sobre sus actividades y opiniones solicitadas parcialmente por las preguntas de cada tema.

¡A gozar del sol!
¿Adónde va Ud. para gozar del sol?
¿Con quiénes va Ud. y qué hacen Uds. allí?

Paseo en el centro comercial
¿Va Ud. allí con poca o mucha frecuencia?
¿Con quiénes va Ud. y qué hacen Uds. allí?

No todo es diversión
¿Trabaja Ud. durante sus vacaciones? ¿Por qué?
¿Qué tipos de trabajos no permanentes hay disponibles?

Nombre: ______________________________ Fecha: ____________

¿Y por qué no estudiar?
¿Toma Ud. clases durante el verano? ¿Por qué?
¿Qué tipo de clases son populares en verano?

Y cuando cae el sol
¿Qué hace Ud. de noche para divertirse?
¿Con quiénes se divierte Ud.?

El arte de no hacer nada
Para Ud., ¿qué significa "no hacer nada"?
¿Con quiénes "no hace Ud. nada"?

E. **Una forma de vida.** En Santo Domingo, Puerto Rico y en otras partes del Caribe, se dice que el béisbol es una forma de vida. En el Capítulo 3, vimos que, en la Argentina, la carne es una forma de vida también. En un párrafo, explique Ud. qué cosa o actividad es una forma de vida en la universidad o en su ciudad. Dé ejemplos para que una persona extranjera pueda comprender su explicación.

DETALLES INTERESANTES

Cómo comentar un suceso deportivo

F. **El día que ganamos el partido.** A veces nuestro equipo predilecto no juega muy bien, pero de repente también gana algún partido importante. Describa Ud. (en 3-5 párrafos) qué pasó la última vez que ganaron un partido importante y cuál fue su reacción.

Sugerencias:
Diga quién fue el héroe (la heroína) de la jornada y qué hizo.
Diga quién se puso muy nervioso(a) o inquieto(a) durante el partido.
Diga quién (no) se puso muy contento(a) con los resultados.
Explique qué hizo el público.
Diga quiénes se hicieron famosos ese día.
Diga si a Ud. le gustaría convertirse en un(a) deportista famoso(a).
Explique por qué Ud. no se vuelve loco(a) con ninguna de estas cosas; *o* por qué a Ud. le encantan estos eventos deportivos grandes.

____

____

____

____

____

____

____

EN POCAS PALABRAS

Cómo contar un cuento

A. **Entre amigos.** Complete los siguientes párrafos con formas correctas de los verbos entre paréntesis.

Mi amiga que ______________ *(llamarse)* Andrea Cecilia, es una joven mujer de treinta años, soltera y muy atractiva.

El fin de semana pasado Andrea Cecilia, algunos amigos y yo ______________ *(divertirse)* mucho. Para ______________ *(mantenerse)* en forma siempre salimos juntos en bicicleta y este sábado ______________ *(levantarse)* como a las 7:00 y luego ______________ *(bañarse)* y

_______________ *(desayunarse)*. Después, _______________ *(vestirse)* con jerseys, pantalones cortos y _______________ *(arreglarse)* para montar en bicicleta: todos _______________ *(ponerse)* el casco protector, zapatillas especiales y gafas para el sol.

Hacía buen tiempo y, como todos nosotros, Andrea Cecilia _______________ *(sentirse)* feliz cuando _______________ *(subirse)* a su bicicleta. Ella había corrido un kilómetro cuando, de súbito, _______________ *(pararse)* porque _______________ *(acordarse)* que había dejado la botella del agua en el mesón de la cocina. Volvió, _______________ *(bajarse)* de la bicicleta y fue por la botella.

A las 8:00 nosotros _______________ *(reunirse)* con las bicicletas en el estacionamiento de una iglesia, como a cuatro kilómetros de mi casa. _______________ *(saludarse)*, luego _______________ *(irse)* en grupo a Molinos, que es un pueblo que queda a cuarenta kilómetros. Camino a Molinos, Andrea Cecilia _______________ *(caerse)* de la bicicleta y _______________ *(lastimarse)* la pierna izquierda, pero no fue un accidente muy grave. Cuando llegamos al pueblo, almorzamos y luego nadamos en el lago de un parque donde lo pasamos divino. Para entonces, ya nadie, ni Andrea Cecilia _______________ *(acordarse)* de la caída.

Cómo expresarse mejor

B. Conversación en el parque. Complete la siguiente conversación con formas correctas del subjuntivo presente de los verbos entre paréntesis.

DIEGO: Ahora que ya nadamos y descansamos, ¿por qué no vamos al Monte Negro?

ANDREA CECILIA: ¿Al Monte Negro? Pues, dudo que [nosotros] _______________ *(poder)* llegar allí a tiempo. Ya es muy tarde.

ESTEBAN: Pero no creo que Monte Negro _______________ *(estar)* tan lejos.

DIEGO: Podemos llegar a tiempo con tal de que _______________ *(salir)* ahora mismo.

ANDREA CECILIA: Bueno, pero antes de que _______________ *(irnos)*, tengo que ponerme un parche en la pierna. Ay, ¡cómo me duele!

ESTEBAN: Oye, Bena, cuando [nosotros] _______________ *(llegar)* a Monte Negro, te invito a tomar un cafecito. ¿Qué te parece?

ANDREA CECILIA: Bien, gracias... pero no creo que _______________ *(tener)* mucha energía cuando [nosotros] _______________ *(llegar)* allá.

DIEGO: Pues, ¡vámonos ya! No quiero que _______________ *(quedarse)* aquí discutiendo tonterías.

Cómo describir la vida diaria

C. **Así es mi vida.** Describa un domingo o un lunes en que todo salió bien hasta que todo empezó a salir mal. Use algunos de los siguientes verbos reflexivos:

acostarse, dormirse, despertarse, levantarse; afeitarse, arreglarse, bañarse, ducharse, lavarse, peinarse; quitarse, ponerse, vestirse, maquillarse; irse, subirse (a), bajarse (de), venirse, marcharse; aburrirse, entretenerse, divertirse, morirse de...(susto, alegría).

Fíjate que un domingo (lunes), hace poco tiempo, ________________________________

____

____

____

____

____

____

____

____

____

Cómo expresar preferencias

D. **¿Adónde podemos ir?** Lea la *Guía del Ocio* de Madrid para el mes de julio. Luego, piense qué espectáculos les gustarían o no a cuatro de sus amigos y a Ud. mismo(a) y escriba al menos cuatro frases.

Nombre: ______________________________ Fecha: ______________

EJEMPLOS: *No creo que a Jim le guste ir al ballet en Madrid.*
Dudo mucho que a John le gusten los toros.

A mí me gusta mirar a la gente. Así es que me gustaría ir a las fiestas del barrio de Tetuán.

Toros

Días 1, 8, 15, 22 y 29: Corridas a las 19 h. en la **Plaza de Toros de las Ventas.** (Metro Ventas).

Cine

Días 20 al 31: Cine de Verano al Aire Libre. En la **Chopera del Parque del Retiro,** desde las 22 h. proyección de 5 películas, actuaciones en vivo todas las vísperas de festivo.

Día 20: Maratón de Cine. Dentro de la programación de fiestas del barrio de Chamberí. Desde las 16,30 h. se proyectarán las siguientes películas: «Excalibur», «Granujas a Todo Ritmo», «Grupo Salvaje», «Estado de Sitio», «Un Hombre Lobo Americano en Londres», «Blade Runner», «Empezar desde Tres» y «Con Faldas y a lo loco». **Cinestudio Griffith.** Santa Engracia, 132. (Metro Ríos Rosas).

Opera

Días 1 y 4: Julio César. Opera-concierto de Haendel. Dirección musical de George Alexander Albrecht. A las 20,30 h. en el **Teatro de la Zarzuela.** Jovellanos, 4. Tel. 429 82 16.

Música

Día 26: Yes. Campo de Futbol del Rayo Vallecano. Avda. Albufera. (Metro Portazgo). Venta de localidades: en Discoplay-Los Sótanos. Gran Vía, 55.

Día 27: Jimmy Cliff. Sala Niza. Marcelo Usera, 86.

- *Las siguientes actuaciones serán en el Auditorio del* **Parque de Atracciones** *de la Casa de Campo. (Metro El Lago). A las 19,30 y 22 h.:*

Días 3 y 4: El Fary.

Días 5 y 6: Manzanita.

Días 7 y 8: Bertín Osborne.

Días 12 y 13: Massiel.

Días 21 y 22: Quilapayun.

Días 24 y 25: Juan Pardo.

Días 26 y 27: Chiquetete.

Días 28 y 29: Dyango.

Día 31: Víctor Manuel y Ana Belén.

- *Las siguientes actuaciones se celebrarán en la* **Sala Windsor.** *Raimundo Fernández Villaverde, 65 (esquina Paseo Castellana). Tel. 455 58 14 y 455 69 43. (Metro Nuevos*

Fiestas

Días 1 al 7: Fiestas del barrio de Tetuán. Organizadas por la junta municipal de distrito. Se celebrarán estas fiestas en la **Plaza de la Remonta** (Bravo Murillo, 317). Además de los actos reseñados en otros apartados se realizarán los siguientes: **Día 1: Pregón** de fiestas a las 13 h. **Día 5: Velada flamenca** con Fosforito, Gabriel Moreno y el Tablao de Pía Vargas. **Todos los días** a las 21 h. **Verbenas** y actuaciones. **Día 7** a las 23 h. **fuegos artificiales** de fin de fiesta.

Ballet

Días 1 al 7: The Paul Taylor Dance Company, del City Center Theatre de Nueva York. **Teatro Monumental.** Atocha, 65. Teléfono 227 12 14. (Metro Antón Martín).

Día 17: Ballet Contemporáneo de Luis Rulfo, a las 22 h. dentro de la programación de fiestas del barrio de Chamberí, en los **Jardines del Canal de Isabel II,** calle Ríos Rosas (Metro Ríos Rosas).

Cómo describir lo que está por ocurrir o solucionarse

E. **¿Qué opina Ud.?** La vida está llena de incertidumbres; nadie sabe lo que pasará mañana, ni el próximo mes, ni dentro de unos pocos minutos. En uno o dos párrafos, exprese las dudas o hipótesis que Ud. tenga sobre algunos de los siguientes tópicos.

EJEMPLO: *No creo que haya paz en el mundo porque hay falta de comunicación entre... Además, es dudoso que...*

Dudas sobre mí mismo(a)	*Dudas sobre la sociedad*
mi carrera	la paz mundial
mis estudios	los trabajos del futuro
mi personalidad	el SIDA *(AIDS)* y su curación
mis aspiraciones	la educación para el año 2000
mi aspecto físico	la confianza en nuestros gobernantes

Nombre: ______________________________ Fecha: ____________

¡A DIVERTIRNOS MÁS!

Cómo llenar su carnet deportivo

A. Mi carnet deportivo. Cuando se viaja o se hace deporte, es importante tener los datos de salud en caso de un accidente. Llene su carnet deportivo de acuerdo a sus intereses y datos de salud individuales. Si Ud. no sabe algún dato, ponga un signo de interrogación.

CARNET DEPORTIVO

______________________________ ____________
Nombre Apellidos paterno y materno Edad

________ ______________________________
Cédula* Calle Código postal Ciudad Provincia

________________ ________________
Teléfono particular Teléfono comercial

______________________________ Amateur / Profesional
Club deportivo

Deportes en que participa:

1) ____________ Entrenador(a): ________ Sección: ________
2) ____________ Entrenador(a): ________ Sección: ________
3) ____________ Entrenador(a): ________ Sección: ________

Problemas de salud:
Alergias: ______________________________
Grupo sanguíneo: A B O Factor RH: negativo/positivo
Diabético: sí no Otros problemas: ________________
Nombre y teléfono de su médico: ________________
En caso de accidente avisar a: ________________
Dirección: ______________________________ Teléfono: ______
Compañía aseguradora: ____________ Nº ____________

* Cédula: in general, Social Security number.

Cómo dar su opinión

B. Dos puntos de vista. Escriba una conversación entre dos amigos que tienen distintos puntos de vista.

Amigo(a) A: Es muy deportista, es decir, le encanta hacer ejercicio. Su tío acaba de darle dos boletos para asistir a los partidos de la Serie Mundial. Esta persona está entusiasmadísima y llama a su mejor amigo(a) para invitarlo(la) a ir a los partidos. Le hace comentarios sobre la importancia de la Serie Mundial y lo buenos que son los dos equipos.

Amigo(a) B: Pasa la mayor parte del tiempo escuchando música rock, bailando en las discotecas y charlando con amigos. A él (ella) le parecen muy cansadores los deportes y prefiere andar en su Corvette rojo y conocer a chicos(as) y lugares interesantes. No le interesan los deportes.

Nombre: ______________________________ Fecha: ______________

CAPÍTULO 6
De compras en el centro

Actividades orales

ASÍ SE DICE

¿Recuerda Ud. que para tener una buena entonación en español es necesario no separar las palabras que forman una unidad de significado? Por ejemplo, es imposible separar los adjetivos y artículos de sus sustantivos. En los dos ejercicios que siguen, vamos a aprender a mantener conectadas estas unidades por medio del enlace.

Cómo expresar preferencias

A. **¿Cuál quiere ver?** Cuando un dependiente nos ofrece atendernos, a menudo le mostramos con la mano lo que nos gusta y le decimos qué artículo queremos. Después de escuchar las preguntas del dependiente, conteste según el ejemplo, usando una forma correcta de *ese / esa* y del verbo *estar.*

EJEMPLO: ¿Cuál va a querer Ud.?
abrigo / izquierda
Ese abrigo que está a la izquierda.

Escuche otra vez el modelo y vea cómo en la respuesta hay dos unidades que no es posible separar al hablar.

eseabrigo questálaizquierda

1. amarillo / derecha
2. azul / ahí detrás
3. camiseta / debajo del suéter
4. aretes de oro / allí arriba
5. alfarería / al otro lado

¿CÓMO SE DICE?

Cómo preguntar y contestar en un almacén

A. **¿En qué puedo servirle?** Imagínese que Ud. trabaja de dependiente en una tienda de ropa en Torremolinos, España, donde veranean muchos turistas norteamericanos. Como la mayoría de ellos no comprenden el sistema de tallas de su tienda, Ud. tiene que ayudarlos un poco. Primero, escuche el tipo de ropa y la talla necesitan sus clientes, luego busque en la siguiente tabla la talla europea y escriba ese número en el espacio indicado.

SEÑORAS

Vestidos / Trajes

Americano	6	8	10	12	14	16	18
Europeo	34	36	38	40	42	44	46

CABALLEROS

Trajes / Abrigos

Americano	36	38	40	42	44	46
Europeo	46	48	50	52	54	56

Camisas

Americano	14	15	15½	16	16½	17	17½	18
Europeo	36	38	39	41	42	43	44	45

Zapatos

Americano	5	6	7	8	8½	9	9½	10	11
Europeo	38	39	41	42	43	43	44	44	45

La primera cliente necesita talla número _______________.

El segundo cliente debe comprar talla número _______________.

El tercer cliente necesita talla número _______________.

La cuarta cliente debe comprar talla número _______________.

Cómo expresar deseos

B. Día de los Reyes. Parece que es tiempo de Reyes porque todos quieren decirles a los Reyes lo que quieren de regalo para el 6 de enero. Entreviste a la gente que está de compras en este almacén y anote lo que pide cada persona en la carta que sigue.

Nombre: ______________________________ Fecha: ____________

Carlos	*Memo*	*Sara*
____________	____________	____________
____________	____________	____________

PERSPECTIVAS AUTÉNTICAS

Cómo reconocer descripciones de distintas personas

A. **¡Adivine quién es!** Escuche los siguientes comentarios y clasifique a las personas descritas en una de las categorías dadas. Las categorías fueron tomadas de la Lectura de las páginas 170-172 del texto.

EJEMPLO: Mi amiga Rosalba es una persona tan organizada que da miedo. Debieras ver su mochila... parece una biblioteca con todo ordenado a la perfección. Y su bolso también es una maravilla. Cada cosa está en su sitio preciso y ella se pone furiosa si le tomas algo y no lo pones exactamente donde debe estar.

Goloso(a)	Nostálgico(a)	(Perfeccionista)	Caótico(a)
Siempreliso(a)	Cosmetólogo(a)	Oficinista	

No cabe duda que Rosalba busca la perfección. Entonces, Ud. marca "perfeccionista".

1.	Goloso(a)	Nostálgico(a)	Perfeccionista	Caótico(a)
	Siempreliso(a)	Cosmetólogo(a)	Oficinista	
2.	Goloso(a)	Nostálgico(a)	Perfeccionista	Caótico(a)
	Siempreliso(a)	Cosmetólogo(a)	Oficinista	
3.	Goloso(a)	Nostálgico(a)	Perfeccionista	Caótico(a)
	Siempreliso(a)	Cosmetólogo(a)	Oficinista	
4.	Goloso(a)	Nostálgico(a)	Perfeccionista	Caótico(a)
	Siempreliso(a)	Cosmetólogo(a)	Oficinista	

EN POCAS PALABRAS

Cómo responder a las sugerencias

A. **¡Pero si ya lo hice!** Cuando se usan dos pronombres antes o después de un verbo, se producen problemas de comprensión cuando Ud. separa las palabras. Escuche estos ejemplos con mucha atención y vea cómo los pronombres están conectados con el verbo.

EJEMPLO: —¿Dónde está mi radio portátil?
*—**Se la presté** a mi novio.*
—¿Pero por qué **se la prestas** si no es tuya?
*—Es que estuvo **pidiéndomela** como media hora.*

selapresté **selaprestas** **pidiéndomela**

Cada una de estas unidades es un grupo de significado y no se puede separar las palabras al pronunciarlo.

Ahora escuche la sugerencia de su compañero(a) de cuarto y después conteste como en el ejemplo, que ya hizo lo que él (ella) sugiere.

EJEMPLO: —¿Por qué no le pones una ilustración a tu trabajo?
ilustración / puse
—Ya se la puse.

1. la comida / di

2. el auto / presté

3. la tarjeta / mandé

4. los apuntes / di

5. las cintas / pedí

6. venga a la fiesta / dije

Nombre: ______________________________ Fecha: ____________

Cómo hablar de las compras

B. ¿Cuánto te costó? Cuando Ud. vuelve a casa con sus compras la gente siempre se interesa en saber cuánto le costó cada cosa. Explique el precio de cada cosa, como en el ejemplo, usando la expresión "me lo/los (la/las) dejaron en...".

EJEMPLO: ¡Qué lindos los pantalones! ¿Cuánto te costaron?
los pantalones / 20
Ud. dice: *Me los dejaron en veinte dólares.*

1. el suéter de lana / 35
2. la grabadora portátil / 32
3. el chándal de algodón / 15
4. la cartera de piel / 20
5. los zapatos para correr / 45
6. el poncho peruano / 60

Cómo expresar preferencias

C. Temporada de compras. Imagínese que Ud. anda por el centro con un(a) amigo(a), porque los dos tienen que hacer sus compras para fin de año. Ahora Uds. están mirando la vitrina de esta tienda de artículos electrónicos. Cuando su amigo(a) le pregunte qué piensa comprarle a distintas personas, mire la vitrina y déle su preferencia según el ejemplo. *(5 preguntas)*

EJEMPLO: Su amigo(a): ¿Y qué le vas a comprar a tu hermana menor?
Ud.: *Me gusta esa cámara para ella.*
o
Creo que esa cámara es ideal para ella.

Cómo confirmar un mensaje

D. ¿Qué es lo que dice? Imagínese que Ud. tiene que transmitir un mensaje por teléfono de su amigo(a) a otra persona. Léale el mensaje a esa persona y después confírmele el mensaje como en el ejemplo.

EJEMPLO: Ud. dice: *Tienes que comprar la comida para la fiesta.*
Su amigo(a) dice: ¿Cómo? No te entiendo.
Ud. confirma: ***Compra** la comida para la fiesta.*

1. Tienes que comprar la cerveza para la fiesta.
2. Tienes que conseguir un pastel de cumpleaños.
3. Tienes que buscar el teléfono de Tito.
4. Tienes que llegar muy temprano a la fiesta.
5. Tienes que traer película a colores.

¡A DIVERTIRNOS MÁS!

Cómo comparar y elegir

A. ¡Qué conjunto más elegante, niña! Escuche la grabación y complete cada una de las siguientes oraciones con la frase apropiada.

1. El Corte Inglés es ___.

   a. una marca de bolsa
   b. un tipo de tienda
   c. un instituto de arte
   d. una fabulosa liquidación

2. Estas dos chicas fueron a Madrid a ___.

   a. divertirse muchísimo
   b. trabajar en un almacén
   c. visitar a unos amigos
   d. comprar ropa y recuerdos

3. La dependiente parecía ___.

   a. alguien importante
   b. bastante perezosa
   c. mal informada
   d. muy atenta

4. Después de un rato, Ernestina ___.

   a. compró una bolsa de piel
   b. compró una blusa azul
   c. se probó una chaqueta de piel
   d. cambió una blusa azul por una más clarita

5. Parece que Adela es ___.

   a. bastante delgada
   b. una chica francesa
   c. más optimista que su hermana
   d. loca por los vestidos

Cómo analizar la personalidad

B. Su cartera lo revela todo. Escuche las descripciones del contenido de distintas carteras de hombre y de mujer. Dé el peso aproximado de cada cartera, eligiendo de las alternativas ofrecidas.

Nombre: ______________________________ Fecha: ______________

			Alternativas
1.	una ejecutiva muy ordenada	______________	300 gramos
2.	supersticiosa desordenada	______________	180 gramos
3.	un vendedor de libros	______________	2,5 kilos
4.	la reina de las bolsitas	______________	1,5 kilos
5.	insegura del futuro	______________	800 gramos
6.	aproblemada	______________	2 kilos

Adaptado de "El insólito mundo de las carteras, bolsillos y maletines" por Mariana Novoa, Paula *338, 16 de diciembre de 1980, págs. 98-101, 111.*

Actividades escritas

¿CÓMO SE DICE?

Cómo describir objetos

A. **Antes de ir de compras.** Haga una lista de los regalos que Ud. quisiera comprar para varias ocasiones especiales, por ejemplo: Navidad, Chanukah, cumpleaños, santo, bautismo, bar mitzvah, primera comunión, boda, aniversario de matrimonio, graduación u otra celebración por el estilo.

Descripción del regalo	¿Para quién es?	¿Para qué ocasión?
una blusa blanca	*para mi amiga*	*para su cumpleaños*
________________	________________	________________
________________	________________	________________
________________	________________	________________
________________	________________	________________
________________	________________	________________
________________	________________	________________

Cómo comprar ropa

B. **De compras.** Complete las siguientes conversaciones como si Ud. estuviera hablando con dependientes de diferentes tiendas.

UD.: Ando buscando una camisa para ________________ *(mí / mi novio / mi esposo / un amigo).* En los Estados Unidos lleva talla ________________.

ÉL: ¿Dieciséis, dice Ud.? Aquí en España sería número ________________. ¿De qué color prefiere Ud.?

UD.: ________________, por favor.

ELLA: ¿En qué puedo servirle, ________________ *(señorita / señor)*?

UD.: Busco un par de ________________ que hagan juego con una ________________ verde oscuro. Me ________________ de cuero.

ELLA: ¿Para usted o para otra persona?

UD.: Para ______________.

ELLA: Muy bien. ¿Qué calza?

UD.: Número ______________.

ÉL.: ¿Busca un traje para Ud., ______________ *(señor / señorita / señora)*?

UD.: ______________.

ÉL: Muy bien. ¿De qué color prefiere?

UD.: ______________.

ÉL: ¿Qué talla usa?

UD.: Pues, ______________.

ÉL: ¿Y de qué tela le gustaría? ¿Lana o ______________?

UD.: De ______________.

Cómo quejarse en la tienda de ropa

C. Disculpe, pero tengo un problema... Complete las siguientes conversaciones apropiadamente.

CLIENTE: Este vestido no me queda bien. Quiero cambiarlo por otro.
DEPENDIENTE: ¡Ay!, no se puede, señora. Hace un mes que lo compró.

CLIENTE: ______________________________

DEPENDIENTE: ______________________________

DEPENDIENTE: Estos zapatos me quedan mal. Son demasiado apretados (anchos). ¡Ay!, me duelen los dedos.
CLIENTE: No se preocupe, señorita. Aquí tiene otro par. ¿Le gustan?

DEPENDIENTE: ______________________________

CLIENTE: ______________________________

CLIENTE: Esta camisa no hace juego con estos pantalones. Además, tiene una mancha aquí.
DEPENDIENTE: Ah, pero si eso no es nada, señor. Se puede lavar.

CLIENTE: ______________________________

DEPENDIENTE: ______________________________

Cómo quejarse por carta

D. **¡Se equivocaron!** Imagínese que Ud. ha pedido por teléfono las siguientes cosas de un catálogo del Almacén Multitiendas. Por desgracia, cuando Ud. recibió las cosas, se dio cuenta de que había varios problemas. Escríbale una carta a la tienda para solucionar estos problemas.

Pedido	*Problemas*
1 par de zapatos de cuero	le quedan grandes aunque son de su tamaño
1 corbata de seda rosada	el color es muy feo, oscuro, diferente del catálogo
1 pijama de franela	demasiado vistoso, mal terminado
3 pares de pantimedias	tres tallas diferentes, Ud. pidió tres de la misma talla

_______________, ___ de _______________ de 19___
(ciudad)

Señor
Gerente de Ventas por Catálogo
Almacén Multitiendas
Ciudad

Pedido Nº 1825, dic. 1992

Muy señor mío:

La presente tiene por objeto pedirle se sirva hacer corregir los siguientes problemas de mi pedido Nº 1825, dic. 1992:

Yo calzo 38, sin embargo, estos zapatos ____

____

____

____

____

Aunque ésta es la primera vez que tengo problemas con un pedido, me parece bastante sorprendente que se hayan cometido tantos errores. He procedido a devolver toda la mercadería por encomienda.

Muy agradecido(a) por la atención que le preste a la presente.

Atte.,

____
(firma)

____
(dirección)

Nombre: ____ Fecha: ____________

PERSPECTIVAS AUTÉNTICAS

Cómo reconocer los departamentos de un almacén

A. Caos completo. En cualquier almacén todas las mercaderías están bien organizadas (excepto en algunos baratillos, claro está). Clasifique las cosas de la lista que sigue en las seis categorías indicadas.

> barras de maní, boletos de avión, bombones, botones, lápices, cartas, chupetes, cinta adhesiva, estampillas, galletas, recortes, hilo y aguja, imperdibles, lápices de labios, linterna, maquillaje líquido, máquina de afeitarse, parches adhesivos, polvos compactos, recortes de periódicos, rímel para las pestañas, secador de pelo, sombras de ojos, tarjetas de crédito, tarjetas postales

Cosas para...

comer	*leer*	*escribir*
____________	____________	____________
____________	____________	____________
____________	____________	____________
____________	____________	____________

reparar	*viajar*	*arreglarse*
____________	____________	____________
____________	____________	____________
____________	____________	____________
____________	____________	____________

Cómo describir lo que Ud.necesita

B. Definiciones. A veces, si Ud. no sabe una palabra en español, es posible describirla en otras palabras. Practique esta estrategia de conversación y composición con las siguientes palabras.

EJEMPLO: safety pin
Es una cosa que se usa para unir dos artículos de tela o cerrar una camisa cuando no tiene botones

1. coin purse ____________________
2. cigarette lighter ____________________
3. watchband ____________________
4. watch battery ____________________
5. paper clips ____________________

Cómo anotar las compras y cosas por hacer

C. **Agenda de apuntes.** En la agenda se anotan las cosas importantes, por ejemplo, una lista de las cosas que Ud. quiere comprar y, después, los precios que pagó por ellas. También se anotan direcciones y teléfonos de amigos o conocidos, citas con el (la) dentista o el (la) médico(a) y reuniones con amigos u otra gente, cumpleaños de los familiares, poemas y proverbios. Llene esta agenda con todas las cosas importantes que necesite anotar durante esta semana. Recuerde que en la cultura hispana la semana empieza el lunes, no el domingo.

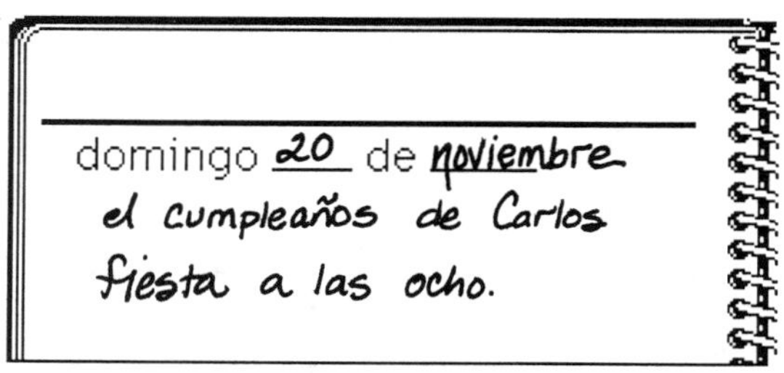

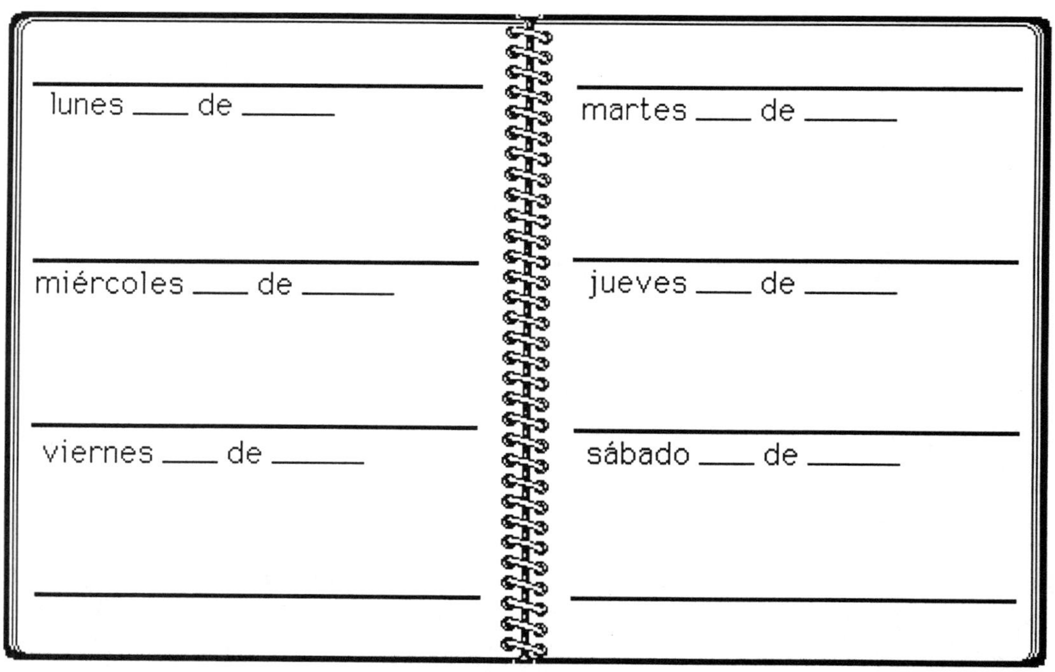

Nombre: ______________________________ Fecha: ______________

Cómo expresar quién es Ud.

D. Dime... y te diré quién eres. Según el título del artículo que Ud. leyó en el libro de texto, lo que uno lleva en los bolsillos o en la bolsa revela mucho de su personalidad. También revela mucho lo que una persona hace y lee habitualmente, sus intereses y sus amistades. Ahora responda sinceramente a las preguntas para que vea cómo es usted.

Dime, ¿qué cosas llevas siempre contigo?

Siempre ______________________________

____

Dime, ¿qué clases estás tomando?

Este semestre (trimestre) ______________________________

____

Dime, ¿qué haces para divertirte?

Para ______________________________

____

Dime, ¿qué te gusta leer?

Me ______________________________

____

Dime, ¿dónde estás trabajando?

Bueno, ahora ______________________________

____

Dime, ¿adónde vas frecuentemente?

Muchas veces ______________________________

____

Dime, ¿con quién andas?

Ando con personas que ______________________________

____

¿Qué prefieres, una vida ordenada y controlada o lo inesperado?

Pienso que ______________________________

Entonces dime, ¿quién eres?

Soy ____

____

DETALLES INTERESANTES

Cómo hacer descripciones más específicas

E. **¿Grandecito o grandote?** Complete las siguientes frases con una palabrita (diminutivo) o una palabrota (aumentativo) según el significado.

Terminaciones de diminutivos: -(c)ito(a), -illo(a), -ín, -eto(a), -uelo(a), -urro(a)

Terminaciones de aumentativos: -ón (ona), -azo(a), -ote (ota)

1. Mi amigote lleva tantas cosas consigo. Por ejemplo, en vez de **bolso** tiene un ______________ porque dice que una **cartera** común y corriente no hace mucho. Pero una cartera muy pesada no es una **carterita** sino un ______________, y entonces lo puede usar de arma de defensa y darle un ______________ al agresor.
2. Para dormir, la gente no usa camisa sino un ______________ largo.
3. Mi sobrina tiene una muñeca con unos **ojitos** pequeños y mi otra sobrina tiene un osito con unos ______________ enormes.
4. A nadie le gusta comer un **bomboncito** nada más, sino un ______________ grandote.
5. Cuando uno pide dinero prestado, nunca pide un **billete** de diez dólares, sino un ______________ de diez dólares, porque así suena de menos valor.
6. Un **manotón** es un golpe con la mano, pero un ______________ es un golpe más fuerte y más rápido todavía.

Si está muriéndose de curiosidad por saber las respuestas, véalas en la página 206.
Aquí hay algunas derivaciones de las palabras de este ejercicio.

amigo:	amiguito, amigote, amigazo, amiguero
camisa:	camiseta, camisón, camisita, (vestido) camisero
grande:	grandecito, grandote, grandulón, grandazo
mano:	manito, manecilla, manilla, manotón, manotazo
cartera:	carterita, carterica, carterón, carterazo, carterero
chico:	chiquito, chiquitico, chiquiturro, chiquillo, chiquilín, chicuelo, chicoco, chicazo

Nombre: ______________________________ Fecha: ____________

EN POCAS PALABRAS

Cómo referirse a personas y cosas específicas

A. En el Departamento de Caballeros. Indique con flechas (→) a quién y a qué se refieren los pronombres en la siguiente conversación, como en el ejemplo.

EJEMPLO: Me gustan estas camisas. Las llevo todas.

DEPENDIENTE: ¿En qué puedo servirle, señor?

CLIENTE: Quiero comprar este par de pantalones.

DEPENDIENTE: ¿No quiere Ud. probárselos, señor? Yo le enseño dónde están los vestidores.

CLIENTE: No, gracias. Ya me los probé y me quedan bien. Los llevo en seguida.

DEPENDIENTE: Muy bien, señor. Puede pagarlos en la caja.

CLIENTE: Gracias. Oiga, este... busco una corbata de color rojo también.

DEPENDIENTE: Tenemos muchas corbatas rojas, señor. ¿De qué tela le gusta a Ud.?

CLIENTE: No sé si la quiero de seda o de algodón. Pues, ¿me las puede enseñar todas?

DEPENDIENTE: Sí, cómo no, señor. Por ejemplo, tenemos éstas dos rojas de seda muy fina. ¿Le gustaría llevarlas?

CLIENTE: Ésta no, ésa sí me la llevo.

DEPENDIENTE: Muy bien, señor. Muchas gracias. Pase, por favor por la caja y después por el empaque.

Cómo dar información sobre un objeto

B. ¿Dónde está mi...? No toda la gente tiene buena memoria para recordar dónde están las cosas en la casa, así es que cuando descubrimos que alguien tiene esta habilidad le preguntamos todo a esa persona. En la conversación que sigue, escriba las respuestas que este encuéntralotodo les da a sus amigos. Use los pronombres **me, te, le, se** y **lo, la** en sus formas correctas según la persona o el objeto a que se refieren.

RAFAEL: Oye, Carlos, ¿has visto mi billetera por ahí?

CARLOS: Sí, claro; ____ ____ dejé sobre tu cómoda.

RAFAEL: ¡Anda!, qué bueno, gracias. Y por casualidad, ¿guardaste el libro de álgebra de Marcela también?

CARLOS: Sí, sí; ____ ____ puse ahí arriba, en esa mesilla.

Un rato después

MANUEL: ¿Quién vio los carnets de la piscina que estaban aquí arriba?

CARLOS: Yo no ___ he tomado.

MANUEL: ¡Ahora sí que nos quedamos sin ir a la piscina si Carlos no sabe!

RAFAEL: Creo que la culpa es mía; me parece que yo ___ tomé ayer, pero no me acuerdo dónde ___ ___ dejé.

MANUEL: Oye, ¿y por qué no llamas a la piscina y preguntas si están allá?

RAFAEL: Ah, no; me muero de vergüenza, porque siempre me pasa lo mismo.

Cómo mandar las gracias por escrito

C. Mil gracias por tu regalo. Para dar las gracias por un regalo, los hispanos escriben una notita donde explican cómo van a usar el regalo. Escriba una notita para agradecer el último regalo que Ud. haya recibido.

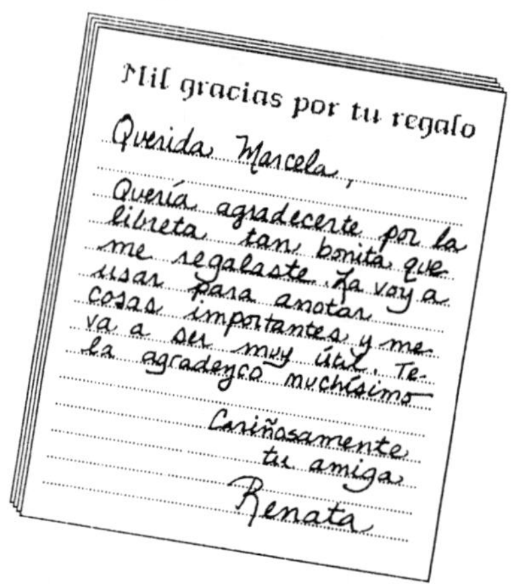

Cómo indicar lo que uno quiere

D. En la relojería. Lea la siguiente conversación una vez, luego complétela con formas apropiadas de los demostrativos **este** y **ese**.

Nombre: ______________________________________ Fecha: ______________

CLIENTE:	Disculpe, ¿me pudiera enseñar ______________ reloj Omega que está allí abajo? Está cerca de ______________ pulseras de oro.
DEPENDIENTE:	Sí, señorita. Ya lo encontré. Pues, ______________ reloj está rebajado ______________ semana.
CLIENTE:	Ah, ¿sí? Qué bueno. ¿Y también ______________ relojes del mostrador?
DEPENDIENTE:	No, señorita... pero ______________ relojes son inferiores a los Omega.
CLIENTE:	Bueno, entonces me compro ______________ Omega. ¿Puedo pagarlo con ______________ tarjeta de crédito?
DEPENDIENTE:	¿Con VISA? Sí, señorita, cómo no.

Cómo hacer descripciones específicas

E. **¿Bala o pluma?** Lea este párrafo una vez y después complételo con formas adecuadas de los demostrativos **este, ese, aquel** y los pronombres **le/se** y **lo/la.**

Hay carteras que son más pesadas que una bala de cañón y otras que son más livianas que una pluma cuando se acerca el fin de mes. ______________ enferman a sus dueños(as) de la espalda, mientras que ______________ los enferman de los nervios y del corazón. Pero no hay nada como ______________ bolso que tengo aquí; lo uso para viajar a casa porque es grande y liviano, mientras que ______________ bolso que tengo allá en mi armario no sólo es pequeño sino pesado. ______________ compré en una liquidación porque estaba muy barato, pero en realidad no ______________ uso mucho porque es tan chiquito. Es posible que ______________ ______________ dé a mi hermana menor y así quizás ella me preste ______________ maleta tan linda que ______________ regaló mi mamá para ir a México.

Cómo dar consejos financieros

F. **¿Qué hago?** A veces nuestros amigos nos piden consejos sobre sus finanzas. Escriba una frase con lo que un(a) amigo(a) y Ud. dirían en los siguientes casos.

EJEMPLO: pagar ahora / próximo mes
—¿Será mejor que **pague** *ahora o el próximo mes?*
—Es mejor que **pagues** *el próximo mes, creo yo.*

1. comprar con la tarjeta / dinero al contado
2. cambiar dólares / pesos mexicanos
3. comprar a crédito / no comprar nada
4. conseguir un préstamo / esperar otro año
5. trabajar sólo en verano / trabajar en verano e invierno

Cómo expresar preferencias

G. Mis sueños. Conteste las siguientes preguntas en oraciones completas, usando el subjuntivo apropiadamente.

EJEMPLO: ¿Qué tipo de reloj quiere Ud. comprar cuando necesite uno? *(funcionar bien)*
Quiero un reloj que funcione bien. También quiero un reloj que dure mucho tiempo.

1. ¿Qué tipo de cartera va Ud. a comprar cuando necesite una? *(no costar mucho)* ______

   También quiero una cartera que ______

2. ¿Qué tipo de auto nuevo desea Ud. comprar algún día cuando tenga dinero? (no consumir mucha gasolina) ______

   También prefiero un auto que ______

3. ¿Qué tipo de casa quiere Ud. comprar cuando haya ahorrado suficiente dinero para pagar el pie / la entrada *(down payment)*?

   (estar cerca de donde trabajo) ______

También deseo vivir en una casa que ______________________________

____

Cómo dar consejos

H. Consejos para un(a) amigo(a). Imagínese que un(a) amigo(a) va a vivir en un país hispanohablante por un año. En una carta, déle algunos consejos para que gaste bien su dinero en el extranjero.

EJEMPLO: *Cómprame* *(comprarme)* un regalito, pero no *gastes* mucho dinero.

Mi querido(a) ______________,

Te escribo para darte algunos consejos para que vivas económicamente cuando vayas al extranjero.

Primero, ______________ *(tener)* cuidado para que no gastes mucho dinero cuando te alojes en los hoteles. ______________ *(ir)* a los hoteles económicos pero limpios, y ______________ *(mirar)* la habitación antes de alquilarla. ______________ *(comer)* en restaurantes donde come la gente de la ciudad y no ______________ *(pedir)* bebidas importadas porque salen caras.

______________ *(Llevar)* cheques de viajero y nunca ______________ *(llevar)* mucho dinero en efectivo cuando salgas del hotel porque es peligroso como aquí. Si quieres ahorrar dinero, ______________ *(leer)* los anuncios en los periódicos y ______________ *(buscar)* las gangas que ofrecen los almacenes y las tiendas. No ______________ *(comprar)* cosas de materiales de mala calidad porque no duran mucho tiempo. ______________ *(Tratar)* de regatear en los rastros o mercados de las pulgas y nunca ______________ *(pagar)* el primer precio que te digan los vendedores.

Bueno, ahora me despido de ti. ______________ *(Escribirme)* pronto, por favor, y ______________ *(pasarlo)* bien en el extranjero.

Tu amigo(a),

______________ (firma)

Cómo expresarse directamente

I. **Más claro, echarle agua.** Hay gente a la que hay que decirle las cosas muy claras. Transforme estos consejos en frases más directas como en el ejemplo.

EJEMPLO: Es mejor que uses la tarjeta sólo para comprar ropa.
Usa tu tarjeta sólo para comprar ropa.

1. Es preciso que pagues todas tus deudas ahora mismo.

___

2. No creo que debas comprarte otra camisa nueva.

___

3. Es bueno que ahorres unos cincuenta dólares al mes.

___

4. No creo que debas ir a la Florida ahora que debes tanto dinero.

___

5. Es necesario que hagas mejores planes para otra vez.

___

6. Es mejor que no lleves tanto dinero en billetes.

___

7. No es necesario que te levantes tan temprano, estás de vacaciones.

___

Cómo describir las cosas personales

J. **La hora de la verdad.** Ha llegado la hora de escribir una composición más completa sobre Ud. mismo(a). Vacíe su bolso o mochila sobre una mesa y describa cuidadosamente todas las cosas que tiene ahí, dividiéndolas por categorías. Después, analice por qué lleva estas cosas con Ud. y qué tipo de persona cree Ud. que es, según esta manera de analizar la personalidad. Use el vocabulario aprendido en este capítulo, pronombres para evitar la repetición, el indicativo para describir las cosas y su persona, y el subjuntivo para hacer comentarios y explicar para qué (quién) tiene ciertas cosas en su bolso o mochila.

___

___

___

Nombre: ______________________________ Fecha: ______________

____

____

¡A DIVERTIRNOS MÁS!

Cómo expresar opiniones

A. Dos puntos de vista. Escriba una conversación entre un(a) cliente y un(a) dependiente que tienen distintos puntos de vista.

CLIENTE: Esta persona va a una tienda de artesanía en la Ciudad de México para comprarles unos recuerdos a sus familiares y amigos. Lástima grande, pero sólo le quedan 45 dólares y, por eso, tiene que pensar muy bien cuánto le va a costar cada cosa que quiera comprar. Le dice al (a la) dependiente lo que le interesa y le hace preguntas adecuadas sobre los precios y la calidad de los artículos. Esta persona no teme expresar sus opiniones francamente.

DEPENDIENTE: Esta persona trabaja de dependiente en una tienda de artesanía mexicana. Como su sueldo es muy bajo, gana comisión por cada cosa que vende y por eso siempre trata de vender lo más posible. Esta persona contesta amablemente a todas las preguntas de su cliente, pero al mismo tiempo trata de convencerle que compre las cosas más caras de la tienda.

____

____

____

____

____

____

____

____

____

____

Nombre: ______________________________ Fecha: ____________

CAPÍTULO 7
¿Quieres salir conmigo?

Actividades orales

ASÍ SE DICE

A. ¡Qué palabras tan largas! Cuando tenga que decir una palabra muy larga, no se preocupe ni la diga muy rápido. Dése tiempo y mantenga el ritmo, como en este ejemplo.

EJEMPLO: —Me da muchísima rabia que me contradigan.
—Calma, Carlos, calma. No seas tan buscapleitos.
—Bueno, pero ¿por qué no quieres acompañarme al centro?
—Bueno, ya, vamos inmediatamente, entonces.

Observe que muchas palabras largas son en realidad dos segmentos y que no es necesario decirlas rápido. Escuche:

busca-pleitos — casca-rrabias
inmediata-mente — complica-dísimo

Ahora vamos a prepararnos para hablar con Carlos. Tenga cuidado de pronunciar las vocales muy claramente. Repita estas frases que tienen palabras largas después de escuchar los modelos.

1. Tengo muchísima rabia.
2. Eres tan buscapleitos.
3. Vamos inmediatamente.
4. Este Carlos está complicadísimo.
5. ¿No quieres acompañarme al centro?
6. Bueno, salgamos inmediatamente.
7. Eres tan simpática.

B. Carlos está furioso. Ahora, hable Ud. con Carlos y trate de calmarlo. Carlos está furioso porque invitó a unos amigos y todavía no llegan. Primero, escuche lo que dice y, después, contéstele con calma.

EJEMPLO: Carlos: Y estos aguafiestas, ¿por qué no habrán llamado?
Usted: *Un momento, ya los llamo inmediatamente.*

1. Usted dice... Lo más probable es que se vayan.
2. No, nada. Dije que a lo mejor fueron a la casa de mi prima Rosa.
3. Ay, por favor, Carlos, sí es una chica muy simpática.
4. Pero sí es Roberto el vulgar espantanovios.
5. Por favor, Carlos, no seas tan cascarrabias.

¿CÓMO SE DICE?

Cómo charlar sobre los planes

A. **Una invitación.** Escuche la grabación sobre dos jóvenes mexicanos que están planeando salir a pasarlo bien un domingo por la tarde. Luego, indique si las siguientes oraciones son verdaderas (V) o falsas (F).

1. ___ Carmen y Diego van a otro país mañana.
2. ___ Los dos jóvenes van a hacer un viaje solos.
3. ___ En Chachalacas uno se puede divertir mucho.
4. ___ El huachinango es una especie de carne.
5. ___ Diego va a pasar por Carmen en el carro de él.
6. ___ Es probable que Diego vaya a la playa a bañarse.

Cómo contar qué pasó el fin de semana

B. **¡Qué fin de semana!** Escuche la conversación de Carmen y su amiga Gloria. Luego, complete las oraciones según esta conversación.

1. El apellido de Carmen es ______________________________
2. Este domingo ______________ estuvo con Carmen en ______________________
3. Los dos jóvenes fueron allí en ______________________________

   A Carmen, la comida le ______________________________
4. Describa el carro de Diego: Es ______________________________
5. En Chachalacas, ______________________________

   ____

   ____
6. Después que llovió ______________________________

PERSPECTIVAS AUTÉNTICAS

Cómo hablar de distintos tipos de personas

A. **Nadie es perfecto.** Escuche las siguientes conversaciones y después indique qué tipo de persona es la primera persona que habla en cada situación.

1. a. rompeautos
   b. buscapleitos
   c. enajenado

2. a. rompecorazones
   b. dramático
   c. espantanovios

3. a. cascarrabias
   b. rompecorazones
   c. desconfiada

4. a. aquípresente
   b. sabelotodo
   c. príncipe azul

EN POCAS PALABRAS

Cómo preguntarse dónde está algo

A. Todo se pierde aquí. Cuando varias personas comparten una casa o apartamento, muchas cosas se pierden fácilmente. Primero, lea las frases que siguen. Después, escuche los comentarios de cada persona. Finalmente, pregunte dónde estará algo según el ejemplo. Use el mismo verbo que usa su amigo para hacer su comentario final.

EJEMPLO: Usted dice: —*Fíjate que no tengo mi chequera.*
Un amigo dice: —No sé dónde está.
Usted dice: —*Ay, ¿dónde estará?*

1. Fíjate que no tengo mi tarjeta de crédito.
2. Fíjate que se me perdió la fotografía de mi novia.
3. Fíjate que no llegó mi amiga.
4. Fíjate que estos discos están en el suelo.
5. Fíjate que mis cartas de amor están en la mesa.

Cómo decir qué pasará

B. ¿Qué crees tú que pasará? Ya que hemos analizado con tanto detalle los distintos tipos de problemas que se presentan cuando uno tiene una relación amorosa, diga Ud. qué le pasará en cada una de estas situaciones. Escuche la situación y después reaccione usando el futuro de alguna de las alternativas sugeridas.

EJEMPLO: Si su novio(a) se olvida de una cita...
(crecerme la cara / enfermarme de rabia)
Me crecerá la cara unos diez metros.

1. Si tiene una pareja dramática que grita por todo...
   (mandarla de paseo / no recibirla ni de regalo / hacerle una gran escena trágica)
2. Cuando su pareja no quiere dejarle salir con sus amigos...
   (echarle a patadas / no escucharle / no decirle que va a salir)
3. Si le toca una pareja que quiere ir a todas partes con Ud....
   (escaparse con su grupo a veces / no contestar el teléfono a veces / buscarle otro amigo)
4. Si un buscapleitos se enfurece en la calle...
   (calmarle / gritarle fuerte para que reaccione / terminar con úlcera estomacal)
5. Si su pareja no quiere acompañarle al cine...
   (escaparse con otra pareja / quitarle la pareja a otra persona / quedarse en casa con él (ella)

¡A DIVERTIRNOS MÁS!

Cómo describir el tiempo

A. **Un ingrediente básico de toda salida.** El tiempo es un ingrediente básico de toda salida; si el tiempo está malo, tenemos que cambiar los planes. Si el tiempo está bueno, lo pasamos muy bien. Mire el siguiente mapa y describa el tiempo región por región, según las preguntas del entrevistador.

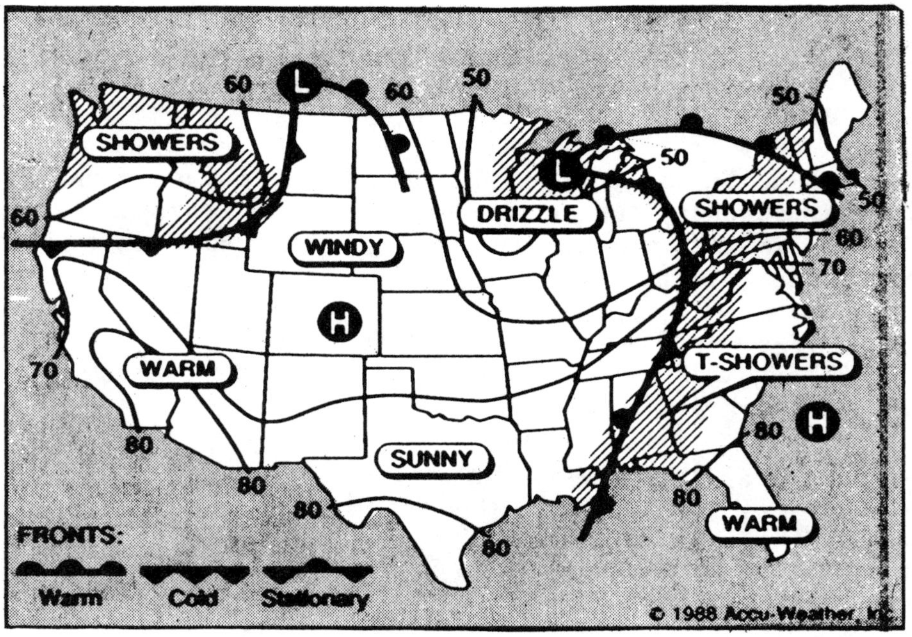

EJEMPLO: Entrevistadora: ¿Y cómo estará el tiempo en la región del Pacífico?
Usted dice: *Por el lado del Pacífico, el tiempo estará lluvioso y feo.*

Sugerencias:
por el lado de...
por el norte *(sur / este / oeste)*
habrá viento *(sol / muchas nubes / brisa suave)*
estará nublado *(tormentoso / lluvioso / soleado)*

Cómo hablar de distintas parejas

B. **¿Compatibles o incompatibles?**

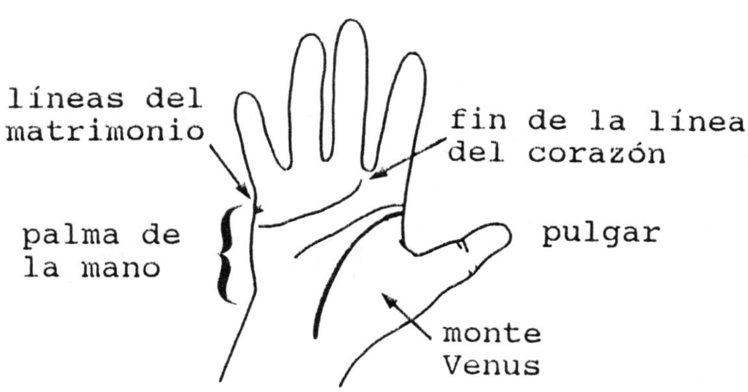

Nombre: ____ Fecha: ____________

¿Sabía Ud. que sus manos pueden ayudarle a decidir si Ud. y su pareja son compatibles o no? Fíjese en el dibujo: la línea del corazón, la forma del monte de Venus y la flexibilidad del dedo pulgar pueden describir las características de compatibilidad de una pareja. Escuche la grabación y mire los siguientes dibujos. Aparee cada dibujo con su descripción.

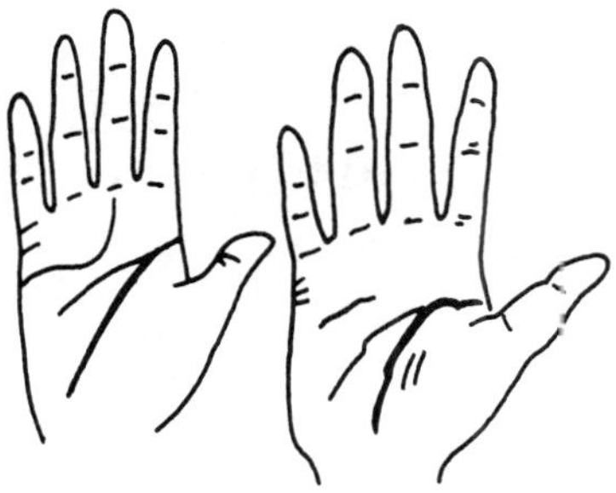

A ______

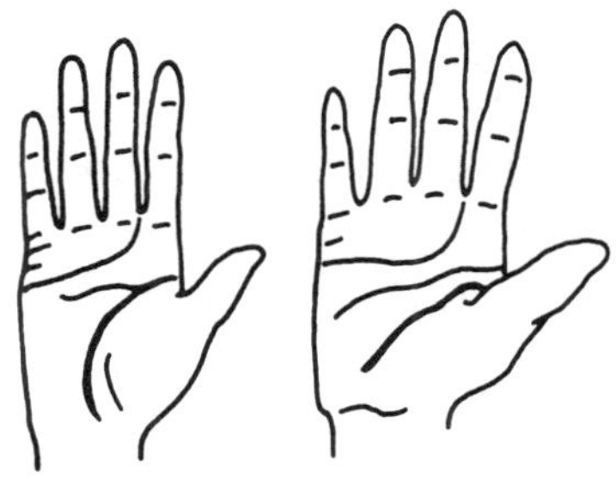

B ______

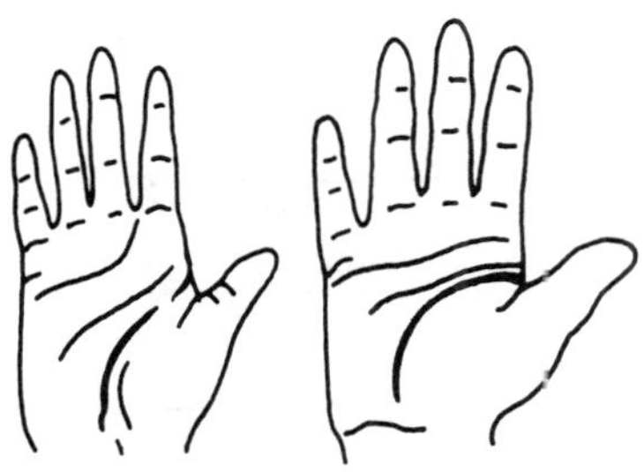

C ______

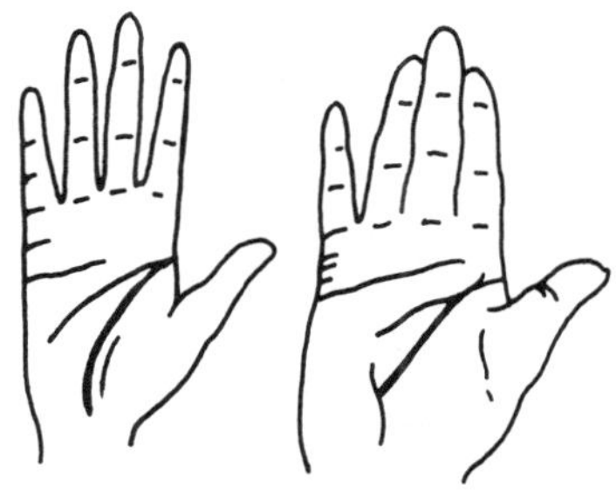

D ______

Adaptado de "¿Incompatibles o no? ¡Sus manos tienen la respuesta!", Buenhogar, *Año 22, Nº 26, 15 de diciembre de 1987, págs. 67-69.*

Actividades escritas

¿CÓMO SE DICE?

Cómo proponer planes

A. **¡A pasarlo bien!** ¿Conoce Ud. lugares estupendos para divertirse? **¡Vamos a ver!** Complete los siguientes párrafos breves lógica y correctamente con sus propias ideas.

Diversiones de día

Bueno, vamos a la playa ______________. Podemos tomar sol y ______________________________

____

____

Vamos al lago ______________. Hagamos una parrillada con ______________________________

____

____

Vamos al río ______________. Allí se puede pescar truchas y también podemos ______________

____

____

Vamos al parque ______________. Allí tienen un(a) ______________ fabuloso(a). Después, ___

____

____

Vamos al pueblo de ______________. Allí hay un(a) ______________ maravilloso(a) donde ___

____

____

Vamos a las montañas ______________ a acampar. También podemos ______________________

____

____

Nombre: ______________________________ Fecha: ______________

Diversiones de noche

¿Quieres ir conmigo al cine ______________? Podemos ver esa película nueva que se llama ______________. Después, podemos ______________________________

____

____

¿Quieres ir al teatro ______________? Van a dar una obra de ______________________________

____

____

¿Quieres ir al estadio ______________? Hay un partido de ______________ entre ______________ y ______________.

¿Quieres ir al bar ______________? Quiero hablar contigo sobre ______________________________

____

____

¿Quieres ir al restaurante ______________? Ahí tienen unos(as) ______________ super buenos(as) y además podemos ______________________________

____

¿Quieres ir a la discoteca ______________? ______________ y ______________ también quieren ir con nosotros. Después, ______________________________

____

¿Quieres ir al club ______________? Allí hay un(a) ______________ fabuloso(a).

Cómo invitar

B. Una invitación. Escriba una conversación entre dos personas, usando el vocabulario de esta sección y otras palabras, frases y expresiones que Ud. ya sepa. La conversación debe incluir las siguientes ideas:

1. saludos adecuados
2. comentarios sobre el tiempo y otras cosas generales
3. una invitación para pasar un buen fin de semana (indique dónde, por qué, cuándo, a qué hora y con quiénes)
4. una reacción positiva o negativa a la invitación

5. un favor y una respuesta adecuada
6. expresiones para continuar o para terminar la conversación

Cómo explicar qué es pasarlo bien para Ud.

C. **¿Qué significa *fun* para Ud.?** La frase *pasarlo bien* cambia mucho de una cultura a otra. Explique sus ideas sobre este punto. Responda a las siguientes preguntas.

1. Para Ud., ¿qué significa una cita estupenda *(fun date)*? Dé detalles sobre la persona con quien sale, a qué lugares van, las actividades que hace juntos, etc.

2. Para Ud., ¿qué significa un fin de semana estupendo *(fun weekend)*? Dé detalles en cuanto a la gente, al lugar, a las actividades, al costo, etc.

Nombre: ______________________________ Fecha: ____________

Cómo contar cómo lo pasó Ud.

D. ¿Y tú? ¿Qué hiciste? Normalmente, cuando los estudiantes regresan a clases los lunes, les cuentan a sus amigos lo que hicieron durante el fin de semana. Una pregunta común es: "¿Y tú? ¿Qué hiciste?" Conteste esta pregunta e incluya en su respuesta sus experiencias positivas y negativas.

Frases útiles: Lo pasé bien (mal) este fin de semana; Fuimos a...; Me encontré con...; Primero, fuimos a...; Y entonces...; Luego, más tarde...; Por fin, ...

____

____

____

____

Cómo contar qué pasó

E. ¿Qué pasó? Primero, escriba una descripción de algo interesante que le haya pasado a Ud. un fin de semana. Después, cuéntele lo que le pasó a un(a) compañero(a).

EJEMPLO: *Fíjate lo que me pasó el sábado. Carolina y yo llegamos al parque a las dos. De repente comenzó a llover y llovió fuerte por media hora. Después, hicimos una parrillada y...*

Fíjate lo que me pasó el...	Además, ...
De repente, ...	En seguida, ...
Después, ...	Luego, ...
Y entonces, ...	Por fin, ...

____

____

____

____

____

____

PERSPECTIVAS AUTÉNTICAS

Cómo ampliar su vocabulario

A. Asociaciones. Aparee las expresiones y palabras de las dos columnas. Luego escriba cinco frases donde usted use estas expresiones y/o palabras.

Ejemplo: *A menudo tengo ganas de salir a pasear con mi novia y no tengo ganas de estudiar. Yo sé que tengo que estudiar más frecuentemente para después gozar de la vida.*

1. ___ a menudo	a. desear
2. ___ tener ganas	b. novio(a)
3. ___ pasarlo bien	c. por eso
4. ___ por lo tanto	d. en otro país
5. ___ media naranja	e. por el estilo
6. ___ al extranjero	f. frecuentemente
7. ___ al poco tiempo	g. dentro de pronto
8. ___ del mismo calibre	h. gozar de la vida

B. **Expresiones idiomáticas.** Si Ud. no sabe el significado de las siguientes expresiones, búsquelo en un diccionario. Luego, úselas en cinco oraciones originales.

Ejemplo: *Por fin, Pedro invitó a Cecilia a ir al cine, pero ella ya perdió el interés en él. Algo por el estilo me está pasando a mí con ese chico que vive en el apartamento 27.*

por fin	por último	por supuesto
por Dios	por ejemplo	por lo demás
por ahora	por lo mismo	por el estilo
por seguro	por lo tanto	por lo general

C. **¿Será amor o no?** Con un(a) compañero(a), estudien la siguiente lista y después agrupen las palabras en dos o tres categorías según las asociaciones que les evoquen. Después, usen algunos de estos términos para escribir cinco frases describiendo a sus amigos.

EJEMPLO: *Es posible que me guste por lo divertida y celosa.*
No creo que me guste por lo celoso, sino por lo afectuoso.

Nombre: ______________________________ Fecha: ____________

fiel	cariñoso	enamorado	traicionero
dulce	violento	apasionado	conversador
triste	romántico	interesado	desesperado
celoso	afectuoso	desconfiado	comprometido
generoso	divertido	entretenido	desconsiderado

____

____

____

____

____

____

____

Cómo describir a la persona de sus sueños

D. El Príncipe Azul (La Dulcinea) ideal. Describa lo que sería para Ud. un(a) novio(a) ideal.

Lo físico	**Novio / Novia**	*Lo personal*	**Novio / Novia**
Edad	________	Inteligencia	________
Estatura / Peso	____/____	Personalidad	________
Ropa	________	Ocupación	________
Otra cosa	________	Pasatiempos	________
		Situación económica	________
		Otra cosa	________

Ahora, escriba un párrafo sobre su Príncipe Azul o Dulcinea, si Ud. tiene uno(a).

____

____

____

____

Cómo expresar su opinión

E. De amor y de amistades. Conteste las siguientes preguntas.

1. ¿Qué diferencia hay entre ser romántico y estar enamorado(a)?

____

____

____

2. ¿Qué ventajas y desventajas tiene salir solo(a) con un(a) amigo(a)?

____

____

____

3. ¿Qué diferencias hay entre una persona confiada y una desconfiada? ¿Cómo puede uno tener más confianza en sí mismo?

____

____

____

Cómo dar consejos sobre novios y amistades

F. Más vale...

1. Trate de comprender los siguientes refranes tradicionales. **Más vale** quiere decir *better* en estos casos. Traduzca los siguientes refranes para que los comprenda mejor. Luego, en español, escriba tres frases con cada uno de ellos.

   a. Más vale tarde que nunca.
   b. Más vale solo que mal acompañado.
   c. Más vale pájaro en la mano que cien volando.

____

____

____

2. Ud. ha leído un montón de consejos en el artículo de su libro de texto: "Más vale solo que mal acompañado" (págs. 202-205). Use la expresión "más vale... que" para inventar otros refranes que expresen sus opiniones sobre los novios y las amistades.

   EJEMPLO: Más vale un(a) amigo(a) fiel que tres novios(as) buscapleitos/cascarrabias.

   a. ____

Nombre: ______________________________ Fecha: ____________

b. ______________________________

c. ______________________________

d. ______________________________

Cómo dar opiniones

G. El noviazgo. Como Ud. ha leído en el párrafo dos de la lectura, en la cultura hispana las relaciones amorosas entre chicos y chicas tienen reglas mucho más estrictas que en la cultura americana general. En dos o tres párrafos, describa algunas de las reglas americanas. Compare algunas de estas reglas con las hispanas.

Sugerencias:
responsabilidades del novio y de la novia; libertad y restricciones de cualquier noviazgo; las ventajas de un noviazgo; posibilidad de tener dos novios(as) a la vez; tener un(a) novio(a) pero (no) poder salir con un(a) amigo(a); salir solos o salir en grupo; normas de conducta

____

____

____

____

____

____

DETALLES INTERESANTES

Cómo jugar con las palabras

H. Jugar con las palabras no cuesta nada. En la cultura hispana, es muy común ponerse a inventarles nombres a los amigos para bromear *(to kid)* un rato. Ponga a prueba su imaginación y explique por qué algunos amigos suyos merecen estos nombres y después invente otros nombres para otros amigos.

EJEMPLO: A Miguel le dicen el **puentecortado** porque nadie lo pasa.
Mi amigo(a) Isabel es un(a) **espanta**novios porque el otro día...

1. Tengo un(a) amigo(a) que es un(a) **mata**__________ porque ______________________________

____

2. Mi primo(a) **rompeautos** ____________________

____

3. A mi amigo(a) ____________ le dicen el **sacacorchos** porque ____________

____

4. ____________________

____

5. ____________________

____

EN POCAS PALABRAS

Cómo describir sus *por qués* y sus *para qués*

A. **Así soy yo.*** Los *por* y los *paras* le pueden revelar algunos aspectos de su personalidad que Ud. no conocía. Conteste las preguntas que siguen y después escriba un párrafo con sus ideas.

1. Si tienes algún tiempo libre lo reservas ___.

   a. para ver la televisión y punto
   b. para comer cosas dulces o helados
   c. para nadar, correr, jugar tenis, levantar pesas
   d. para pintar, hacer alguna artesanía, ir al teatro

2. Tú vives ___.

   a. para encontrar el amor de tu vida
   b. para desarrollar una carrera exitosa
   c. para comprar cosas interesantes y útiles
   d. para cultivar tus amistades y relaciones

3. En tu caso, una persona te impresiona ___.

   a. por su sentido del humor
   b. por su situación económica
   c. por su sensibilidad y ternura
   d. por su parecido con Madonna, Phil Collins, Sting o...

4. En tu habitación o apartamento siempre hay lugar ___.

   a. para cosas del estilo americano clásico
   b. para cualquier cosa en cualquier parte

c. para una obra de arte oriental o un artefacto caro
d. para adornos de flores secas y calendarios para planear el mes

5. Cuando tengas poder para eliminar una cosa mala del mundo te decidirás ____.

a. por el hambre
b. por la pobreza
c. por la celulitis
d. por los desastres naturales

6. El tipo de ropa que usas ha sido influenciado ____.

a. por tu imaginación
b. por los artistas de cine y televisión
c. por las revistas de moda y los catálogos
d. por tus tarjetas de crédito y tus entradas mensuales

7. Cuando cenas solo(a) en tu casa preparas todo ____.

a. para comer frente al televisor
b. para ti en un ambiente agradable y cómodo
c. para comerte un gran trozo de pastel de chocolate
d. para comer en el comedor, igual que si tuvieras visitas

B. ¿Cómo será mi pareja ideal?* Elegir pareja, por supuesto, tiene mucho que ver con la manera en que analizamos a la gente cuando recién la conocemos. ¿En qué se fija Ud.? Conteste las preguntas que siguen y después escriba un párrafo sobre sus preferencias.

1. Cuando miras a una persona por primera vez te dejas impresionar ____.

a. por sus ojos
b. por su profesión
c. por sus sentimientos
d. por el dinero que tiene

2. No has salido con nadie ____.

a. por dos días
b. por una semana
c. por..., bueno, quizás un año
d. por..., no sé bien, ¿quién puede llevar la cuenta?

---

* *Nota de interés:* El artículo dice que si tienes tendencia a elegir las alternativas
a. ...eres una persona super-exquisita, perfeccionista.
b. ...eres una persona conservadora, tradicional.
c. ...eres una persona muy práctica.
d. ...eres una persona indiferente.

Adaptado de "Una radiografía de tu personalidad", Tú, *Año 9, Nº 1, enero de 1988, págs. 74-75.*

3. Cuando sales con una nueva persona, aceptas la cita ___.

   a. inmediatamente, por seguro
   b. por lo menos siete días antes
   c. sólo por recomendación de otro(a) amigo(a)
   d. por instinto, según quién sea esta nueva persona

4. Si las cosas no andan muy bien en la primera salida, le dices que debes irte a casa ___.

   a. "por este dolor de cabeza que tengo"
   b. "por un trabajo que tengo que terminar esta noche"
   c. "porque tengo que ponerle pesticida a mis plantas"
   d. "porque tienes que levantarte temprano al otro día"

5. Si a tu pareja le gusta estar a media luz, tú piensas que es ___.

   a. por puro romanticismo
   b. porque es muy tímido(a)
   c. porque él (ella) es muy loco(a)
   d. porque no quiere que le veas algún defecto que tiene

6. La pareja ideal es ___.

   a. un mito
   b. alguien que anda por ahí por el mundo
   c. la persona por la cual estoy esperando
   d. alguien como Tom Cruise, Julio Iglesias, Charlie Sheen, Paulina Porizkova, Whitney Houston o Kathleen Turner.

7. El peligro de invitar a alguien a tu casa puede ser que ___.

   a. habrá silencios que te pondrán incómodo(a)
   b. el (la) invitado(a) se tome todos los helados
   c. quizás la persona podría pensar que tienes demasiado interés en él (ella)
   d. podrías demostrar tu verdadero interés en una relación más permanente

Cómo invitar

C. **Entre amigos.** Complete las siguientes conversaciones, usando las palabras **por** y **para** apropiadamente.

1. Carlos llama ______________ teléfono a su amiga Norma ______________ saber si ella quiere salir este fin de semana.

   CARLOS: Oye, Norma, te quería invitar a salir conmigo mañana ______________ la tarde.

   Tengo dos boletos ______________ un concierto de jazz.

   NORMA: Sí, muchas gracias, Carlos. ¿______________ qué no vienes ______________

   acá a almorzar con nosotros y luego podemos irnos al concierto?

CARLOS: Gracias ______________ la invitación, Norma. Bueno, entonces nos vemos mañana.

2. Amanda llama ______________ teléfono a su amiga Lucita.

AMANDA: Hola, Lucita. Mañana ______________ la mañana Teresa y yo vamos ______________ el Parque Minerva. Te llamo ______________ invitarte.

LUCITA: Gracias, Amanda, pero tengo un compromiso ______________ la tarde y...

AMANDA: No te preocupes porque estaremos allí sólo ______________ dos o tres horas. ______________ favor, Lucita, ven con nosotras.

LUCITA: Bueno, pues entonces preparo algunos bocadillos ______________ nosotras ______________ picar algo en el parque.

AMANDA: Y yo llevo un poco de pan ______________ darles comida a los patos. ¿Ves, niña? Vamos a pasarlo bien.

LUCITA: ¡______________ supuesto!

AMANDA: Entonces, paso ______________ ti mañana a eso de las diez.

Cómo comprender un pronóstico

D. Pronóstico de tiempo. Complete el siguiente pronóstico, usando apropiadamente el tiempo del futuro de los verbos dados en la lista.

durar haber subir llover nevar estar hacer necesitar

Buenas tardes. Mañana Uds. que viven en la costa ______________ un paraguas cuando salgan de la casa porque ______________ todo el día. La lluvia ______________ probablemente hasta el fin de semana. ______________ sol el domingo. Mañana por la mañana la temperatura ______________ por los 30 grados Celsius y ______________ probablemente hasta los 35, por la tarde. En las montañas ______________ bastante y ______________ mucho frío con una temperatura máxima de 5 grados Celsius, aproximadamente.

Cómo hacer planes

E. ¡Qué bien lo vamos a pasar! Tomás y su esposa Ana están hablando de sus planes para pasarlo bien con Daniela, su hijita, el próximo fin de semana.

TOMÁS: Bueno, [nosotros] _______________ *(hacer)* lo siguiente el sábado. Primero, _______________ *(levantarse)* temprano, _______________ *(desayunar)* y luego _______________ *(salir)* de la casa a las ocho. ¿Qué te parece, Anita?

ANA: ¿A las ocho? ¿Pero no _______________ *(ser)* demasiado temprano, querido?

TOMÁS: Pues, _______________ *(tener)* que salir temprano porque la costa queda lejos. Creo que _______________ *(llegar)* al hotel más o menos a la una.

DANIELA: ¿Dónde _______________ *(dormir)* yo, papi?

TOMÁS: _______________ *(dormir)* en nuestra habitación... con tu mamacita y conmigo, mi amorcito.

DANIELA: ¿Pero por qué no _______________ *(tener)* mi habitación como aquí en casa?

ANA: Porque _______________ *(ser)* muy caro tomar dos habitaciones, Danielita.

TOMÁS: Cuando lleguemos, _______________ *(almorzar)* en seguida porque _______________ *(tener)* mucha hambre.

DANIELA: Yo _______________ *(comer)* pescado con arroz.

ANA: ¡Ay, qué rico! Y yo _______________ *(pedir)* una sopa de mariscos.

TOMÁS: Creo que [nosotros] lo _______________ *(pasar)* bien en la costa y la radio dice que _______________ *(hacer)* buen tiempo toda la semana. Ojalá no se equivoquen.

Cómo describir sus pensamientos

F. ¿Quién será? Describa qué piensa Ud. en cada una de estas situaciones.

EJEMPLO: Cuando suena el teléfono, *¿será XX o XX?*
Cuando suena el timbre de la casa, *¿será la dueña de la casa o el empleado de la compañía de electricidad?*

1. Cuando suena el teléfono a medianoche, ¿____
____?

2. Cuando llega una carta sin nombre, ¿ ____
____?

Nombre: ______________________ Fecha: __________

3. Cuando no le fue muy bien en una prueba, ¿______________________

______________________?

4. Cuando llega el día de su cumpleaños y nadie lo(a) ha llamado, ¿______________________

______________________?

5. Cuando el tiempo está muy malo y no tiene ganas de ir a clases ¿______________________

______________________?

6. Cuando... ¿______________________

______________________?

G. Las delicias del diario vivir. Escriba qué piensa Ud. en las siguientes situaciones.

EJEMPLO: Ud. dejó su calculadora en una sala de clases.
Ojalá que nadie la haya tomado o que la haya encontrado uno de mis amigos.

1. A Ud se le olvidó hacer una tarea para una clase.

   Ojalá que ______________________

2. Ud. dejó su tarjeta de crédito en la caja de la librería.

   Espero que ______________________

3. Ud. no está seguro(a) cuántas preguntas contestó bien en una prueba.

   Ojalá que ______________________

4. Ud. no está seguro(a) si su novio(a) está de mal genio (cascarrabias) hoy día o no.

   Espero que ______________________

5. Ud. va camino a casa porque sus compañeros(as) de cuarto le han avisado que el administrador de los apartamentos donde Ud. vive acaba de descubrir que Ud. tiene un animalito en el apartamento. El perrito ya ha estado allí por tres semanas.

   Espero que ______________________

   ____

6. Ud. va camino al estacionamiento. La policía le ha avisado que alguien chocó su auto esta mañana.

Espero que ____

____

¡A DIVERTIRNOS MÁS!

Cómo describir el tiempo

A. **¿Qué tiempo hará?** Escriba el pronóstico del tiempo según el mapa meteorológico.

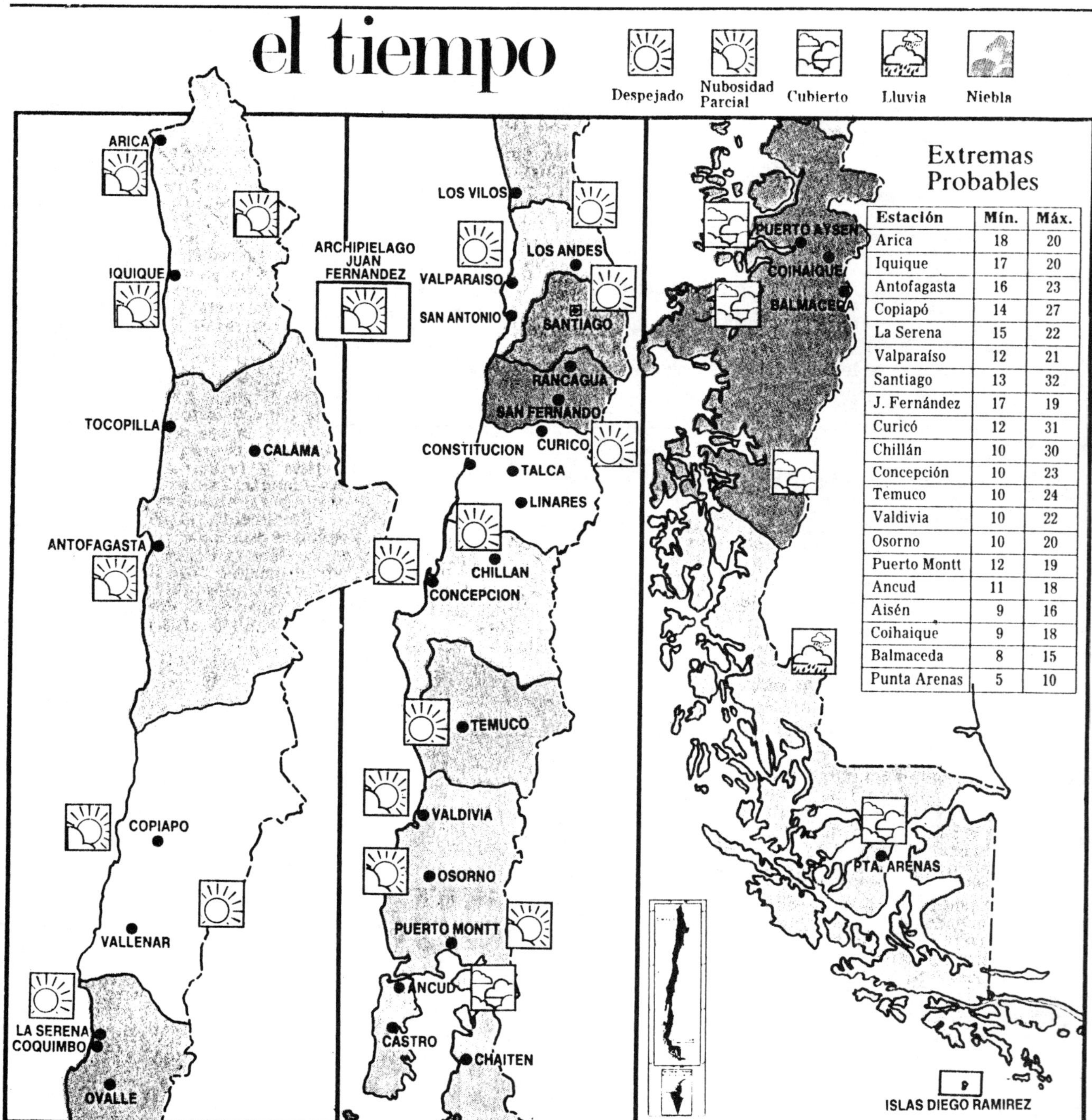

Estación	Mín.	Máx.
Arica	18	20
Iquique	17	20
Antofagasta	16	23
Copiapó	14	27
La Serena	15	22
Valparaíso	12	21
Santiago	13	32
J. Fernández	17	19
Curicó	12	31
Chillán	10	30
Concepción	10	23
Temuco	10	24
Valdivia	10	22
Osorno	10	20
Puerto Montt	12	19
Ancud	11	18
Aisén	9	16
Coihaique	9	18
Balmaceda	8	15
Punta Arenas	5	10

Nombre: ______________________________ Fecha: ______________

1. La región del país que va de Arica hasta Vallenar...

____

____

2. Mientras que la región que va de La Serena hasta San Antonio...

____

____

3. Desde San Antonio al sur, hasta Puerto Montt, ...

____

____

4. Y, finalmente, desde Ancud hasta Punta Arenas, en el extremo sur, ...

____

____

Nombre: ______________________ Fecha: ____________

CAPÍTULO 8
Con la salud no se juega

Actividades orales

ASÍ SE DICE

A. La pronunciación de *ge/gi, ha/he, hi/ho/hu* y *ja/je/ji/jo/ju*. En las combinaciones *ge/gi* el sonido [*g*] es como el sonido [*h*] en inglés, pero más fuerte. Escuche y repita las siguientes palabras.

*gi*necolo*gí*a	indi*ge*stión
*gi*necólogo	aler*gi*a
an*gi*na	larin*gi*tis
alimentos con*ge*lados	

En las combinaciones *ja/je/ji/jo/ju* el sonido [*j*] también es como el sonido [*h*] en inglés, pero más fuerte. Ponga atención y después repita.

o*jo*	*jo*ven
*ja*rabe	vie*jo*
me*jo*rarse	*ju*go de fruta

Ignore la *h* cuando pronuncie una palabra que tenga esta letra en su forma escrita. Escuche con atención.

el*ho*spital	los*hu*esos
la*he*patitis	el*he*rpes
el*hí*gado	la*he*rida
los*ho*mbros	el*hi*po

B. Inflamaciones e infecciones. Ahora vamos a practicar cómo pronunciar los nombres de algunas enfermedades y molestias muy comunes. Preste atención al modelo y después repita la frase durante la pausa.

1. estornuda, tose
2. antihistamínico
3. hígado
4. hepatitis
5. sinusitis
6. bronquitis, amigdalitis
7. antibióticos, laringitis
8. jóvenes, alergia

¿CÓMO SE DICE?

Cómo identifcar enfermedades

A. **¿Qué pasa?** Usted va a escuchar a varias personas que están hablando. Escuche a cada persona, luego indique qué problema médico tiene.

CARLOS:	hipo	fiebre de heno	tos
MARTA:	catarro	escalofríos	nariz tapada
JOSÉ:	tos	dolor de cabeza	estornuda
CARMEN:	nariz tapada	dolor de muelas	náuseas
PANCHO:	gripe	cara hinchada	hipo
ALBA:	fiebre	dolor de garganta	dolor de oído

Cómo seguir instrucciones

B. **¡A dibujar!** Escuche la grabación mientras Ud. dibuja una figura. No es necesario ser artista para participar en esta actividad.

Cómo identificar las partes del cuerpo

C. **Fracturas y laceraciones múltiples.** Ud. va a escuchar una breve descripción de las fracturas y problemas que tienen dos víctimas de un accidente automovilístico. Marque en los dibujos las partes del cuerpo nombradas.

EJEMPLO: Raúl Álvarez Moreno se quebró la pierna izquierda.
Ud. marca la pierna izquierda con una cruz (X).

Nombre: ______________________________ Fecha: ____________

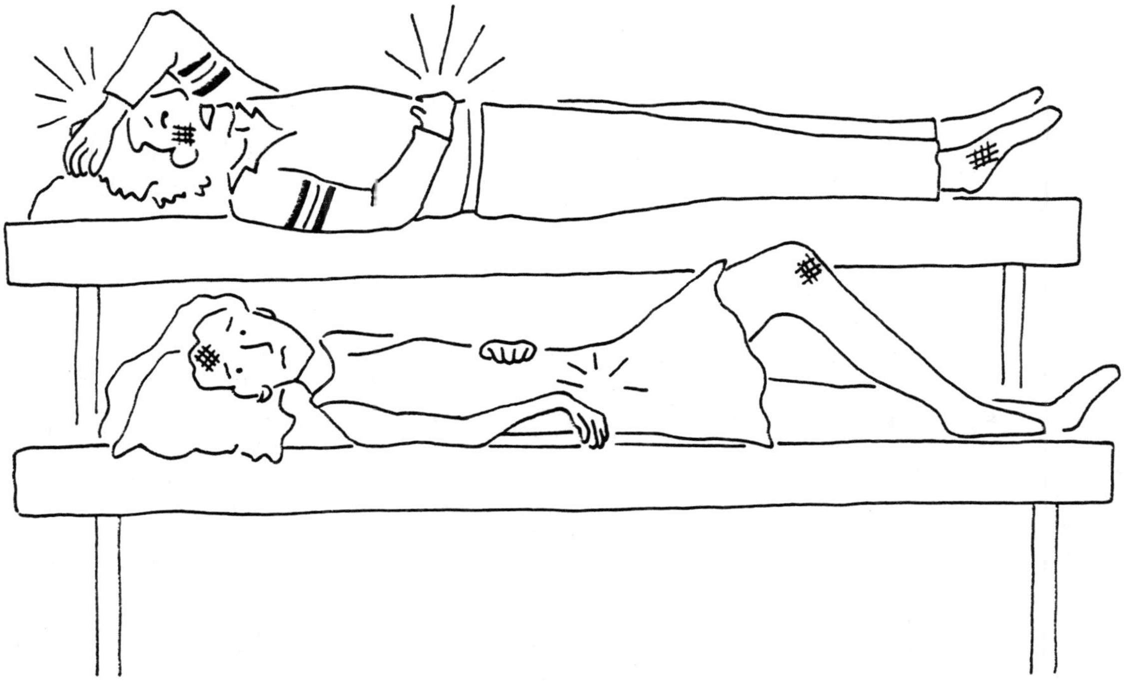

EN POCAS PALABRAS

Cómo dar recomendaciones

A. Vitaminas y minerales en vez de cosméticos. En vez de gastar tanto dinero en cosméticos, Ud. puede mejorar su apariencia comiendo los alimentos indicados. Use la tabla que sigue para contestar las preguntas de sus clientes. Recomiéndeles lo más indicado en cada caso, como en el ejemplo.

EJEMPLO: Su cliente: Fíjese que tengo la piel tan seca. ¿Qué debo hacer?
Ud. mira la tabla y dice: *Debiera tomar vitamina E; sería mejor que comiera más pescado y huevos.*
Su cliente: Ah, ya entiendo; muchísimas gracias.

Fíjese que tengo...	**Debiera tomar...** **Sería mejor que tomara (comiera)...**
ojeras *(circles around the eyes)*	más hierro: carne, espinacas, berros
piel seca y áspera	más vitamina E: huevos, pescado
pelo muy fino	más proteínas, menos vitamina A: carne, pescado, pollo
acné	menos yodo *(iodine)*, más frutas
piel muy grasosa	vitaminas B-2 o B-6: pan integral, cereales naturales
quistes sebáceos en los párpados *(eyelids)*	menos colesterol: leche descremada, menos mantequilla, menos queso

Cómo comparar

B. **¿Corto(a) de vista? ¡Estás a la moda!** En la época de nuestras madres, usar anteojos o gafas era espantoso. Pero ahora, los anteojos están de moda. Escriba qué tipo de anteojos le conviene comprar según su tipo de cara.

_______________ _______________ _______________ _______________

Basado en información de "¡Cómprate los anteojos según tu tipo!" en Tú, *Año 2, Nº 10, octubre de 1982, pág. 6.*

¡A DIVERTIRNOS MÁS!

A. **¿Le duele la espalda?** Si Ud. es de esas personas a las que les duele la espalda a menudo, preste atención, porque la solución a sus problemas podría ser muy fácil. Escuche estos consejos prácticos y después conteste las preguntas que siguen.

1. La columna vertebral le duele cuando Ud. ____.

   a. pone libros en su bolsón
   b. lleva demasiado peso en un hombro
   c. camina mucho todo el día por el campus

2. El dolor se produce cuando ____.

   a. la columna se mueve un poco
   b. Ud. carga mucho peso por todas partes
   c. la inflamación del disco presiona un nervio

3. Una persona es más propensa a tener dolores de espalda cuando ____.

   a. el terreno es plano
   b. es bajita y muy nerviosa
   c. es alta y anda en terreno accidentado.

Nombre: ______________________________ Fecha: ____________

4. Para evitar los dolores de espalda, sería mejor que Ud. ___.

   a. hiciera ejercicio con la bolsa al hombro
   b. llevara 454 gramos en su bolsón al hombro
   c. distribuyera el peso sobre los dos hombros

5. Lo que puede llevar:

   a. una agenda 454 gr. o ____________

   b. un cuaderno ____________ o 10 onzas

   c. una bolsita ____________ o 7 onzas

   d. los cheques 85 gr. o ____________

   e. su dinero ____________ o ____________

Basado en información de "¿Dolor de espalda? ¡Su bolsa puede ser la culpable!" en Buenhogar, *Año 22 Nº 12, 2 de junio de 1987, pág. 8.*

B. Consejos para bajar de peso. Ahora la Dra. Galeno va a darle a Ud. algunas recomendaciones para cuidarse mejor. Tome notas en el espacio que sigue.

Recomendaciones:

1. ______________________________

2. ______________________________

3. ______________________________

4. ______________________________

5. ______________________________

Actividades escritas

¿CÓMO SE DICE?

Cómo identificar las partes del cuerpo

A. Las partes del cuerpo. Hay partes del cuerpo que hacen pareja; el nombre de una parte es femenino y el de la otra parte es masculino. Complete los espacios en blanco en el siguiente dibujo.

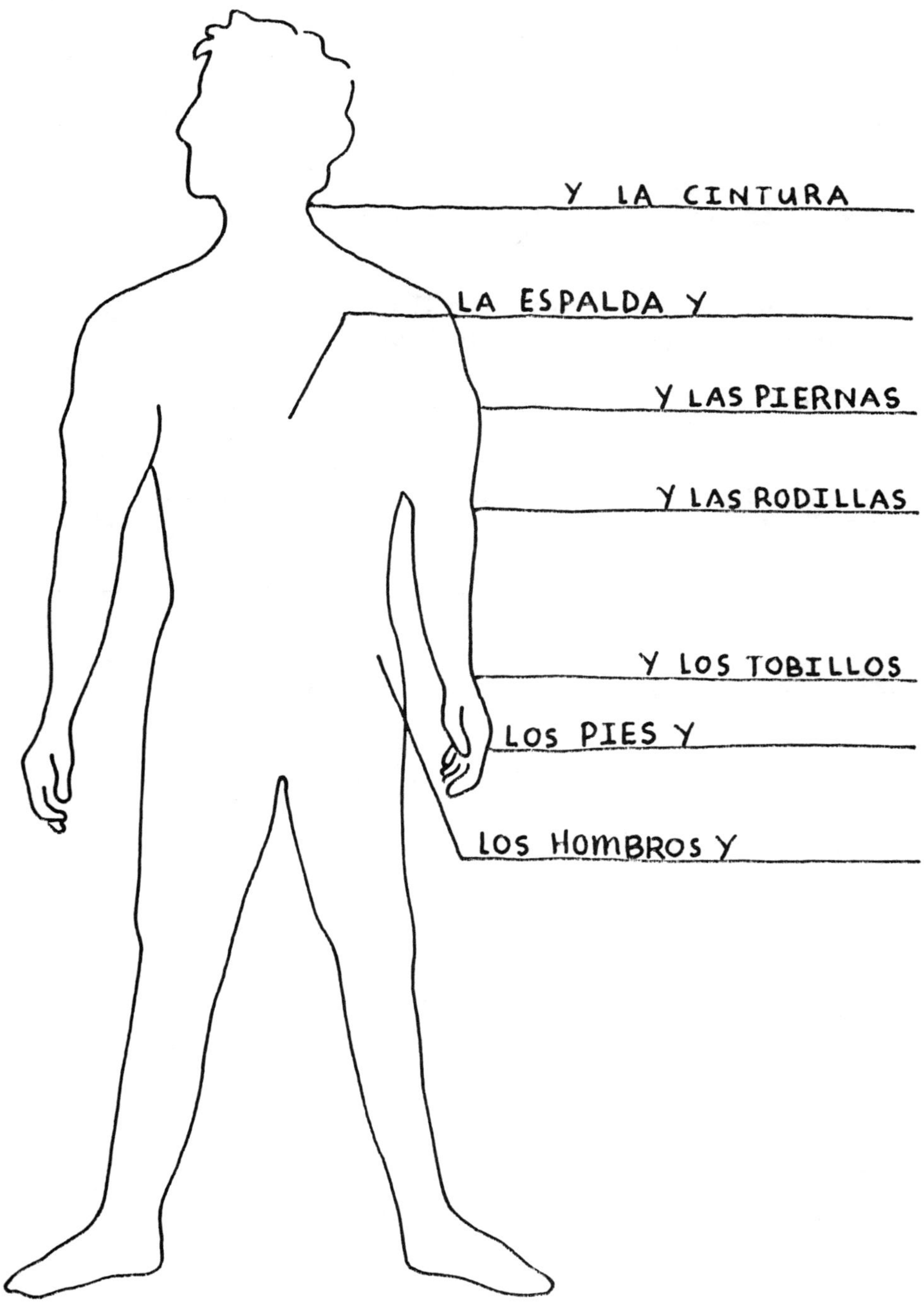

Nombre: ______________________________ Fecha: ____________

B. Adivine los símbolos. Escriba el nombre del órgano o parte del cuerpo a que se refieren las siguientes frases.

1. Lo dibujan en las tarjetas de San Valentín. ____________
2. Es el símbolo de "fíjese bien" o "cuidado". ____________
3. Es el lugar donde nacen las buenas (y malas) ideas. ____________
4. Cuando la oficina de correos nos devuelve una carta, ponen este símbolo. ____________
5. Un bonito par de éstas es el símbolo de una marca de pantimedias. ____________
6. Una calavera y dos de éstos cruzados son el símbolo de los piratas y de la muerte. ____________
7. Dibujan una de éstas para indicar que hay ruido o un sonido. ____________

Cómo identificar las enfermedades

C. ¡Ay, doctorcito, qué dolor! Escriba el nombre de la enfermedad después de leer cada descripción.

gingivitis	amigdalitis	hepatitis	laringitis
dermatitis	apendicitis	herpes simple	bronquitis

1. Le dolía el pecho de tanto toser y toser. ____________
2. Tenía la garganta inflamada; no podía ni hablar. ____________
3. Se le inflamaron las encías y perdió dos muelas. ____________
4. Después del catarro le salió una ampolla en los labios. ____________
5. Con ese jabón tan fuerte se le inflamó la piel de la cara. ____________
6. No puedo tragar nada porque tengo las amígdalas inflamadas. ____________
7. Después de la transfusión se agarró una infección al hígado. ____________
8. Tuvieron que sacarle el apéndice de urgencia; estaba inflamado. ____________

D. ¿Qué les pasa? Mire los dibujos, luego describa el problema médico que tiene cada persona.

____

Cómo describir síntomas y tratamientos

E. **El diagnóstico.** Describa los síntomas y tratamientos de las siguientes enfermedades. Pídale ayuda a sus amigos, si es necesario.

EJEMPLO: la laringitis
Síntomas: *fiebre, dolor de cabeza, la persona no puede hablar*
Tratamiento: *Debiera tomar dos aspirinas y quedarse en cama*

1. **la gripe (catarro, influenza** o **gripa)**

   Síntomas: ________________________________

   Tratamiento: ________________________________

Nombre: ____________________ Fecha: __________

2. **la diabetes**

   Síntomas: ____________________

   Tratamiento: ____________________

3. **el alcoholismo**

   Síntomas: ____________________

   Tratamiento: ____________________

4. **la sinusitis**

   Síntomas: ____________________

   Tratamiento: ____________________

5. **la mononucleosis**

   Síntomas: ____________________

   Tratamiento: ____________________

6. **una infección intestinal**

   Síntomas: ____________________

   Tratamiento: ____________________

F. La medicina no tradicional. Es cierto que la medicina tradicional ha solucionado muchos de nuestros problemas de salud. Sin embargo, hay mucha gente que prefiere otros tipos de medicina y curación. Escriba un párrafo sobre otra medicina u otros remedios no tradicionales que Ud. o sus amigos conozcan o usen.

Sugerencias:
curaciones por medio de hierbas, cristales, lociones y pomadas naturales; baños de mar (termales); lodos/barros *(mud)* medicinales; dietas naturales; ejercicios de meditación; acupuntura china; homeopatía; etc.

____

____

____

____

____

____

Cómo comprender expresiones idiomáticas

G. **Consejos médicos.** Traduzca al inglés las siguientes conversaciones. Fíjese bien en el significado de las expresiones idiomáticas y los refranes que están en letra cursiva. Use un diccionario cuando sea necesario.

1. ENFERMERA: No *pierda Ud. la cabeza,* señor. La operación saldrá bien.
   PACIENTE: Perdón, señorita, pero no le creo. ¿Está *tomándome el pelo*?

   ____

   ____

2. ESPOSA: ¡Caray! Parece que esta operación nos va a *costar un ojo de la cara, querido.*
   ESPOSO: No te preocupes, pues nuestra compañía de seguros *tiene el riñón bien cubierto.*

   ____

   ____

3. PACIENTE: Oiga, enfermero, tráigame una botella de cerveza, por favor.
   ENFERMERO: Lo siento, Sr. Guzmán, pero el médico no lo permite.
   PACIENTE: ¿Pero, por qué tiene que saberlo el médico? *Ojos que no ven, corazón que no siente.*

   ____

   ____

   ____

4. INTERNO: Perdone, señor... señor... Pues, es que no recuerdo su nombre, señor, pero lo *tengo en la punta de la lengua.*
   PACIENTE: ¡Chsst! Estoy escuchando la radio. Ahorita van a anunciar los números de la lotería. Hay que *parar oreja.*
   INTERNO: Perdón. *En boca cerrada no entran moscas,* ¿eh?

   ____

   ____

   ____

5. PACIENTE: Ay, doctor, estoy tan deprimida hoy. Me *quemé las pestañas* estudiando para un examen de inglés y me fue pésimo.
   MÉDICO: Señorita, Ud. debe *hacer frente* a los problemas con más optimismo. Seguro que van a tener otro examen pronto, ¿no?

Nombre: ______________________________ Fecha: ____________

____

____

Cómo pedir atención médica

H. Una consulta médica. Imagínese que un(a) paciente va a ver al (a la) médico(a) porque piensa que tiene una de las enfermedades mencionadas en la Actividad C. Escriba una conversación entre el (la) paciente y su médico(a). El (La) médico(a) le hace un examen y le da un tratamiento, si es necesario. Use el vocabulario de las páginas 248-250 de su libro de texto.

____

____

____

____

I. Su ejercicio diario. Use la información de la tabla para escribir un párrafo comparando distintas tareas domésticas, según su preferencia individual y las calorías quemadas.

ACTIVIDADES	CALORÍAS QUEMADAS EN 30 MINUTOS		VENTAJAS
	50,4 kg.	68,3 kg.	Es bueno para...
1. montar en bici	114	135	las piernas y el corazón
2. subir escaleras	10	12	los muslos y el corazón
3. trabajar en el jardín	165	198	los brazos y las pantorrillas
4. cortar la hierba con energía	207	240	las piernas, brazos y el corazón
5. comprar alimentos en el supermercado	111	126*	los brazos y piernas
6. restregar pisos con fuerza	192	222	brazos, hombros y caderas
7. pasar la aspiradora	81	93	brazos y hombros
8. limpiar los vidrios de las ventanas	105	126	parte superior de los brazos
9. caminar con energía	132	159	piernas y el corazón
10. caminar con un peso de 9 kg.	249	285	músculos de los arcos de los pies, piernas, corazón, espalda
11. nadar rápido	285	300	la espalda, brazos, piernas, el corazón, los órganos internos

* marcha rápida empujando el carro de las compras

Basado en información de "Quemando calorías ¡sin sentirlo!", Buenhogar, *Año 22, Nº 8, 7 de abril de 1987, págs. 30-32.*

PERSPECTIVAS AUTÉNTICAS

Cómo ampliar su vocabulario

A. **Reglas de correr.** Primero, lea el siguiente párrafo. Luego, escríbalo de nuevo reemplazando las palabras en letra cursiva por palabras apropiadas de la lista.

trotar	los baches	en la madrugada
la marea	vecindario	los desperdicios
averiguar	medicamentos	pesque un resfriado
un carnet	las carreteras	

Es preferible correr en su propio *barrio residencial,* pero si Ud. quiere *correr* a lo largo de *los caminos de mucho tránsito,* debe hacerlo *muy temprano por la mañana.* Es importante llevar *su identificación personal* consigo en caso de que tenga un accidente. Tenga cuidado con *los hoyos* y también con *los restos de materiales de construcción* que encuentre en la calles. Si Ud. vive cerca del mar, hay que *saber* las horas en que *baja y sube el agua del mar* según la estación del año. En caso de que *contraiga catarro,* tome una *medicina* para que se sienta mejor pronto.

Nombre: ______________________________ Fecha: ____________

____

____

Cómo describir una molestia

B. En urgencias. Describa un accidente o urgencia que haya tenido Ud. u otra persona.

EJEMPLO: *Una vez, estaba jugando béisbol y un amigo me pegó en la cabeza con la pelota. Me caí al suelo y me llevaron a urgencias, pero me recuperé muy rápido.*

____

____

____

____

____

____

DETALLES INTERESANTES

C. ¡Qué cara! Complete cada uno de los siguientes comentarios con una de las frases dadas.

seguro que no paga nada	estaba enojadísimo	no han comido nada
puso fea cara	no le gustó mi idea	es muy amable y considerada

1. Me miró con cara de pocos amigos; ______________________________

____

3. La doctora es tan buena, es un amor; ______________________________

____

3. Cuando le dieron la sopa de espinaca, el bebé hizo caras; ______________________________

____

4. Ya llegaron los chicos de la universidad; tienen una cara de hambre ______________________

____

5. Me miró con cara de perro cuando le propuse postergar la prueba para la próxima semana; ___

____

6. Después de pedirle dinero a su hermano, el muy caradura también le pidió un préstamo a su abuelita; ____

EN POCAS PALABRAS

Cómo hablar del pasado

A. **¡Cuidado cuando corra!** Complete la siguiente conversación, usando formas correctas del subjuntivo del pasado de los verbos entre paréntesis.

JUAN: ¿_______________ *(querer)* decirme qué te pasó, Alfredo?

ALFREDO: Sí, cómo no. Salí de mi casa a las seis y quería correr donde no _______________ *(haber)* mucho tránsito. Pensaba que tú me _______________ *(poder)* haber acompañado, pero dudaba que _______________ *(estar)* en casa, pues me dijiste que te ibas de vacaciones.

JUAN: Tienes razón. Además, mi esposa me aconsejó que nunca _______________ *(salir)* a trotar en la madrugada porque hay ladrones por todas partes.

ALFREDO: ¡Qué exageración, hombre! Pues, como te decía, salí de casa y corrí por la acera para que no me _______________ *(ocurrir)* ningún accidente de tránsito, ¿entiendes? Bueno... de súbito, me topé con una grieta bastante grande y ¡pum! me caí y me doblé el tobillo.

JUAN: Lástima. _______________ *(deber)* tener más cuidado cuando corres, amigo.

ALFREDO: Pues, desde que el oculista me dijo que _______________ *(usar)* estos anteojos bifocales, no veo nada.

JUAN: Por eso sería mejor que te _______________ *(comprar)* lentes sólo para hacer ejercicio.

Nombre: ______________________________ Fecha: ____________

ALFREDO: Sí. ¡Eso es lo que haré cuando pueda ir al oculista!

Cómo dar recomendaciones

B. Llegó la hora de desquitarse. Los padres creen que lo saben todo y siempre nos están dando toda clase de consejos. Esta vez, sin embargo, le toca a Ud. hacer de sabelotodo. Transforme cinco recomendaciones de la lista "Mantenerse en forma" en consejos afectuosos pero muy claros para sus padres. Y asegúrese de darles el consejo dos veces, igual como ellos le dan consejos a Ud.

EJEMPLO: fumar poco o nada
*Mira, papi (mami), sería mejor que no **fumaras** para nada. Si no **fumaras**, vivirías más; quisiera que **conocieras** a tus nietos.*

NOTICIAS

Mantenerse en forma

Según una revista norteamericana, para mantenerse en forma después de los cuarenta años es necesario seguir el siguiente decálogo:

1. Fumar poco o nada.
2. Beber poco o nada.
3. Practicar algún tipo de ejercicio físico de forma moderada.
4. Comer de forma racional, con dieta variada que impida, en cualquier caso, un sobrepeso de más de cinco kilogramos sobre el ideal en relación con la talla y constitución.
5. Tomar de forma rutinaria y diaria preparados polivitamínicos.
6. Ocupar parte del tiempo libre practicando algún *hobby* personal.
7. Dormir como mínimo ocho horas diarias.
8. Hacerse chequeos periódicos, preferentemente una vez al año.
9. Consultar al médico ante la aparición de cualquier síntoma anormal.

1. ______________________________

____

____

2. ______________________________

____

____

3. ______________________________

____

____

4. ______________________________

____

____

5. ______________________________

____

____

Tomado de Cambio16 *Nº 844, 1º de febrero de 1988, pág. 112.*

Cómo dar un recado

C. **Me lo dijo el (la) médico(a).** Imagínese que el (la) médico(a) llamó y le dio instrucciones para su amigo(a) que tuvo que ir a la universidad porque tenía una prueba. El (La) médico(a) llamó porque el examen de laboratorio dice que tiene una infección de estreptococos en la garganta *(strep throat)*. Escríbale las instrucciones a su amigo(a) para que se mejore pronto.

EJEMPLO: *tomar mucha limonada*
Dijo el (la) médico(a) que tomaras mucha limonada.

1. *ir al laboratorio a hacerte otro examen de secreción de la garganta*

   ____

2. *acostarte temprano y dormir unas diez horas*

   ____

3. *hacer un buen caldo de pollo mañana y quedarte en cama todo el día*

   ____

4. *tomar las cápsulas de penicilina cada 6 horas y unas aspirinas para la fiebre*

   ____

5. *ni salir al frío ni beber este fin de semana por nada del mundo*

   ____

Cómo dar recomendaciones

D. **Consejos de salud.** Complete las siguientes recomendaciones médicas, usando expresiones apropiadas de la lista que sigue.

cuando	a menos que	para que	antes de que
hasta que	en caso de que	por mucho	con tal de que

1. ______________ Ud. monte en bicicleta, póngase un casco para protegerse la cabeza ______________ se caiga.
2. Si Ud. pesa demasiado, siga una dieta recomendada por su médico(a), ______________ alcance el peso normal para su estatura.
3. ______________ Ud. esté en excelentes condiciones físicas, es mejor que se haga un examen físico completo ______________ participe en un programa de ejercicios.

4. De vez en cuando, tómese el pulso después de hacer ejercicios ____________ sepa si está dentro del rango para su edad.

5. Ud. puede consumir todas las calorías que desee ____________ haga suficiente ejercicio físico para no subir de peso, o sea ____________ que coma, usted podrá mantenerse en forma.

E. ¿Qué sabe Ud. de medicina y nutrición? Complete Ud. las siguientes frases; si no sabe las respuestas, pregúntele a un(a) amigo(a).

1. Los adultos no debieran comer mantequilla, a menos que ______________________________
____

2. Es necesario que los niños tomen mucha leche para que ______________________________
____

3. La aspirina disminuye el riesgo de tener ataques al corazón, con tal que ______________________
____

4. La gente debiera dejar el cigarrillo antes de que ______________________________
____

5. Casi todas las mujeres mayores tienen problemas de descalcificación, a menos que __________
____

6. El ejercicio es bueno con tal que ______________________________
____

Cómo comparar

F. Consejos sanos. Complete las siguientes oraciones para hacer varias comparaciones sobre el tema de la salud.

EJEMPLOS: La risa es la ___*mejor*___ medicina para la gente deprimida.
El pan integral contiene ___*más*___ minerales ___*que*___ el pan blanco.

1. La sopa de tomate es ____________ nutritiva ____________ la sopa de patatas.

2. El yogur sin fruta tiene ____________ calorías ____________ el queso suizo.

3. Caminar rápidamente consume ____________ calorías ____________ nadar con rapidez.

4. Las dietas de ayuno *(fast)* son ________________ difíciles de seguir ________________ las de control.

5. Hacer meditación es ________________ eficaz y ________________ peligroso ________________ tomar aspirinas para aliviar el estrés.

6. Tomar bebidas alcohólicas en exceso es ________________, pero tomarlas frecuentemente y fumar mucho es ________________.

G. **¿Cuál manera de pasar hambre prefieres?** Hoy en día, parece que casi todo el mundo está a dieta. Escriba Ud. un párrafo comparando dos tipos de régimen para adelgazar (bajar de peso) que Ud. conozca. Use las expresiones de comparación que aparecen en la página 249 del texto.

Régimen de... los huevos, los carbohidratos, las frutas, los macrobióticos, las proteínas, las verduras, el arroz

____

____

____

____

____

____

____

____

____

¡A DIVERTIRNOS MÁS!

A. **Carnet de salud.** Llene Ud. su pasaporte de salud. Es muy útil llevarlo con Ud. cuando vaya al extranjero, en caso de algún accidente o si necesita dar su peso y altura en kilos y metros. Si no sabe todos sus datos de salud, no se preocupe; llene todos los espacios que pueda.

Nombre: ______________________________ Fecha: ____________

CARNET DE SALUD

______________	______________	______________	______________
Nombre	Apellido	Apellido	Edad
______________	______________	______________	______________
Calle	Número	Lugar	Teléfono
______________	______________		
Código postal	País		

En caso de accidente avisar a : ______________________________

Dirección: ______________________________

Teléfonos: ______________________________

Compañía aseguradora: ______________ Póliza Nº: ______________

Seguro dental: ______________ Póliza Nº: ______________

Peso: ______ kg. Altura: ______ 1, ______ m. Visión: ______________

______________ ______________________________

Grupo sanguíneo y RH Medicinas que está tomando

Presión sanguínea: ______________

Nivel de colesterol: ______ Gl cemia (azúcar en la sangre): ______

Vacunas:

Antitetánica:	______________	Hepatitis:	______________
Fiebre amarilla:	______________	Antirrábica:	______________
Poliomielitis:	______________	Difteria:	______________

Alergias: ______________________________

____

Tratamiento habitual: ______________________________
(Indicar medicamento y dosis)

Problemas digestivos: ______________________________

Problemas respiratorios: ______________________________

Problemas cardíacos: ______________________________

Problemas renales: ______________________________

Nombre: ______________________________ Fecha: ____________

CAPÍTULO 9
Vacaciones en grande

Actividades orales

ASÍ SE DICE

Cómo hacer comentarios

A. Cifras chicas y altas. En el extranjero, a veces se usan cifras *(figures)* muy altas debido a la diferencia en el valor de la moneda respecto al dólar. También se usan cifras altas para referirse a la población. Lea cada una de las frases siguientes según el modelo. No se olvide de conectar las palabras al pronunciarlas; no las separe artificialmente.

EJEMPLO: tres millones
En Madrid hay más de tres millones de habitantes.

1. Salimos de Nueva York en el vuelo 1028 de Iberia.
2. Los extranjeros pueden pasar por aduana hasta una cantidad de 150.000 pesetas.
3. Ese hotel cuesta más de 6.500 pesetas al día y está cerca del parque del Retiro.
4. Un paseo en taxi por la calle Alcalá y la Fuente de la Cibeles cuesta como 900 pesetas.
5. Para el año 2000, España tendrá unos 43.000.000 de habitantes.
6. En 1992, las Olimpíadas fueron en Barcelona.
7. Barcelona tiene 1.900.000 habitantes, casi 2.000.000.

B. Cómo hablar sobre un paseo. Para contar algo, es importante no interrumpir la secuencia de los eventos. Trate de leer las series de acciones sin interrumpirlas.

EJEMPLO: ¿Y qué pasó ayer?
Ud. dice: *El día estaba frío pero no llovía. Nos vestimos, preparamos una merienda y nos fuimos de paseo.*

1. Hacía un sol precioso. Nos arreglamos, tomamos el metro y fuimos a la Plaza Real.
2. Con otros turistas de Cali tomamos el teleférico para admirar la belleza de los Andes y de la ciudad de Santiago. Tuvimos suerte que no había contaminación.
3. Era domingo. Nos vestimos, fuimos a la Plaza Mayor y vimos bailar la sardana.
4. Queríamos alquilar un automóvil, pero era muy caro. Decidimos tomar el metro y de la estación Universidad comenzar a recorrer el centro de la ciudad. ¡Cómo me dolieron los pies!
5. Había un sol precioso. Tomamos el metro, nos bajamos en la Sagrada Familia y visitamos la catedral.
6. Estábamos aburridos. Llegó Soledad, nos invitó a las Ramblas y nos fuimos todos de paseo.

¿CÓMO SE DICE?

Cómo comprender anuncios

A. ¡Su atención, por favor! Escuche los siguientes anuncios hechos en un aeropuerto y escriba los datos más importantes de cada anuncio.

1. ______________________________

____

2. ______________________________

____

3. ______________________________

____

4. ______________________________

____

5. ______________________________

____

Cómo hablar con un(a) agente de viajes

B. **¡Viaje primero, pague después!** Antes de escuchar la grabación, complete este formulario. Luego, escuche la grabación y conteste las preguntas de la agente de viajes. Durante su conversación con ella, refiérase al formulario.

AGENCIA DE VIAJES COLÓN

Apellidos ____________ ____________ Nombre ____________

Dirección ______________________________

____

Teléfonos (particular) ____________ (oficina) ____________

Destino ____________ Ida ____________ Regreso ____________

Número de personas ______ Pasaportes: al día ______ revalidar ______

Medios de transporte: avión ______ tren ______ barco ______

autobús ______ carro de alquiler ______

Clase: primera ______ turista ______ charter ______ viaja por cuenta propia ______

Forma de pago: cheque ______ efectivo ______

Tarjeta de crédito ____________ Nº ____________ Fecha de vencimiento ______

Nombre: ______________________ Fecha: __________

PERSPECTIVAS AUTÉNTICAS

Cómo hablar de sus preferencias

A. Así me gusta a mí. Describa cómo, cuándo y dónde les gusta a Ud. y a sus amigos veranear o pasar sus vacaciones de invierno. Escuche las preguntas del entrevistador y después contéstelas durante la pausa escogiendo una de las expresiones dadas en el cuaderno. Recuerde que los hispanos hablan de vacaciones sólo en el caso de períodos de descanso largos.

EJEMPLO: Entrevistador: Bueno, dígame, si tiene dos días libres, ¿qué hace?
descanso / viajecito
Ud. dice: *Me tomo un descanso y me voy a la ciudad de Nueva York.*
o
Me pego un viajecito a Nueva York. Tengo amigos allá.

1. una vez / dos veces / tres veces / ninguna vez
2. tres veces / cuatro veces / muchas veces / una vez al semestre
3. por mi cuenta / con una agencia / mis amigos se encargan
4. a esquiar / a jugar... / a salir y fiestear / a descansar
5. ir a la montaña / ir a la playa / ir al campo / ir a mi casa / ir adonde van mis amigos / me pego un viajecito a...

B. ¿Y a qué van los extranjeros a España? Ahora que ya sabemos lo que le gusta hacer a Ud. en sus vacaciones, veamos qué les gusta hacer a los extranjeros que van a España. Escuche este comentario, anote las estadísticas que le van a dar y después escriba el nombre del gráfico que representa las preferencias de los extranjeros en España.

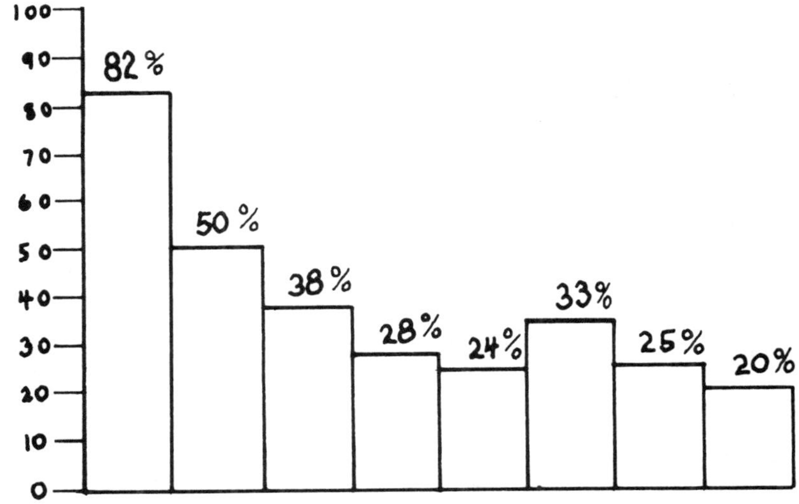

Basado en información de Cambio16 *Nº 810, del 8 de junio de 1987, pág. 114.*

EN POCAS PALABRAS

Cómo agradar y ser amable

A. En el aeropuerto. Ud. está en el mesón de embarque y el empleado le hace varias preguntas. Respóndale de la manera más cortés posible, eligiendo una de las alternativas dadas.

1. ¿Lleva equipaje de mano el señor?
   a. Apúrese. No, no llevo nada.
   b. Sólo mi máquina fotográfica, gracias.
   c. ¿No ve Ud., que no tengo nada más?

2. ¿Dónde quisiera sentarse la señorita?
   a. Donde Ud. quiera, me da lo mismo.
   b. Al pasillo, por supuesto.
   c. Al pasillo, sección no fumadores, si fuera tan amable.

3. Ya le di su tarjeta de embarque, ¿no?
   a. Lo siento tanto, no la encuentro.
   b. Yo no sé donde la puse; no moleste.
   c. Déme otra, no la encuentro.

4. ¿Quiere que le facture ese bolso con el resto del equipaje?
   a. No, desearía llevarlo conmigo, si fuera posible.
   b. No, lo voy a llevar conmigo, ¡y basta!
   c. ¿Qué pasa? Este es un bolso de mano.

Cómo contar un viaje

B. En el Aeropuerto de Barajas. Imagínese que Ud. está hablando con una amiga que conoció en el aeropuerto de Madrid. Su amiga va a hacerle algunas preguntas sobre su viaje a España. Contéstele mirando los dibujos.

1. 

2. 

3. 

4. 

5. 

Nombre: ______________________________ Fecha: ______________

¡A DIVERTIRNOS MÁS!

Cómo seguir instrucciones

A. En el avión. Seguridad ante todo es la regla de oro. ¿Cree Ud. que pueda seguir las instrucciones de seguridad en español? Aparee la instrucción con el dibujo correspondiente; ponga el número que corresponda a cada dibujo.

a. ______________

c. ______________

b. ______________

d. ______________

Cómo comprender anuncios

B. Anuncio de American Airlines. Escuche la grabación y después complete las siguientes oraciones.

1. Caracas, capital de Venezuela, le ofrece al visitante ______________________________

____

2. Se puede decir que Buenos Aires es ______________________________

____

3. En Guatemala, a Ud. le gustaría ver ______________________________

____

4. Según su opinión, lo primero que hay que ver en México es ______________________________

____

5. Una de las ventajas de volar en American es ______________________________

____

6. En American todo es especial porque ______________________________

____

Actividades escritas

¿CÓMO SE DICE?

Cómo leer un anuncio de hotel

A. La Ronda. Lea el anuncio, luego conteste las preguntas.

1. ¿En qué ciudad y país está este hotel?

2. ¿Qué tipo de hotel es?

3. ¿Anote dos comodidades que son importantes para Ud.?

Nombre: ______________________________ Fecha: ____________

Cómo dar consejos

B. De viaje por avión. Indique el orden lógico de un viaje al extranjero con números del 1 al 10.

___ Antes que nada, decida adónde le gustaría viajar.

___ Aborde el avión cuando se anuncie la salida de su vuelo.

___ Haga la maleta, pero lleve sólo lo necesario para su viaje.

___ Llegue como una hora antes de la salida de su vuelo para que no ande apurado(a).

___ Después, vaya a una agencia de viajes para comprar el boleto de avión.

___ Vaya al mostrador para que le den su tarjeta de embarque y para que le facturen su equipaje.

___ Si Ud. tiene tiempo, tome un café o algún refresco, o simplemente relájese en la sala de espera.

___ Dígale al (a la) agente el destino de su viaje e indíquele si Ud. quiere comprar un boleto de ida y vuelta o sólo de ida.

___ Salude a la azafata y al sobrecargo, busque su asiento, siéntese, abróchese el cinturón de seguridad, luego espere el despegue del avión.

___ Al llegar a su destino, pase primero por el control de inmigración, luego por la aduana. ¡Que se divierta Ud. mucho!

Cómo describir el viaje de sus sueños

C. Si fuera millonario(a)... Imagínese que Ud. es millonario(a) y que le encanta viajar por todas partes del mundo. Como Ud. es rico(a), puede viajar adonde quiera. Ahora diviértase completando las siguientes oraciones.

1. ¡Quién tomara sol en las magníficas playas de ______________________
2. Para comer (mariscos / un buen bife)... ____________, debiera ir a ____________

   ____
3. Para ____________, iría a ____________ porque en aquel lugar... ____________

   ____
4. ____________ sería mi lugar favorito para ____________ porque me gusta mucho

   ____

5. Un lugar que nunca quisiera visitar es ______________ porque ______________________

____

______________________________, pero sí me encantaría ir a ______________

porque ____

6. Para descansar de todos estos viajes, debiera __________________________________

____

Cómo pedir información turística

D. **Viaje a Sudamérica.** Escriba una carta en español a una embajada o un consulado de algún país sudamericano donde se habla español. Pida toda clase de información sobre una región geográfica del país, por ejemplo: el altiplano de Bolivia, las Islas Galápagos del Ecuador, la región del desierto en Chile. Aquí le damos las direcciones y un modelo de carta.

______________, _____ de ______________ de 19_____

Señor ______________

Cónsul de ______________

____

____

Muy señor mío:

Estoy muy interesado en visitar ______________ y quisiera rogarle me enviara información sobre ______________. ¿Pudiera también enviarme listas de hoteles con sus precios?

Muy agradecido por su atención, le saluda atte.,

____

Dirección: ______________________

____

Nombre: ______________________________ Fecha: ______________

Embajada de Argentina, 1600 New Hampshire Avenue, N.W., Washington, DC 20009. Consulados: 5900 Wilshire Blvd., Los Angeles, CA 90036; 12 W. 56th Street, New York, NY, 10019.

Embajada de Bolivia, 1625 Massachusetts Avenue, N.W., Washington, DC 20036. Consulado: 10 Rockefeller Plaza, New York, NY 10020.

Embajada de Chile, 1736 Massachusetts Avenue, N.W., Washington, DC 20008. Consulados: 510 W. Sixth Street, Los Angeles, CA 90013; 866 Second Avenue, Room 501, New York, NY 10017.

Oficina de Turismo de Colombia, 140 E. 57th Street, New York, NY 10022. Embajada de Colombia, 2118 Leroy Place, N.W., Washington, D.C. 20008. Consulados: 3255 Wilshire Blvd., Los Angeles, CA 90010; 10 E. 46th Street, New York, NY 10017.

Embajada del Ecuador, 2535 15th Street, N.W., Washington, DC 20009; Consulados: 427 W. Fifth Street, Los Angeles, CA 90013; 1270 Avenue of the Americas, New York, NY 10019.

Embajada del Paraguay, 2400 Massachusetts Avenue, N.W., Washington, D.C. 20008. Consulados: 408 S. Spring Blvd., Los Angeles, CA; 1 World Trade Center, Suite 1609, New York, NY 10048.

Embajada del Perú, 1700 Massachusetts Avenue, N.W., Washington, D.C. 20036. Consulado: 10 Rockefeller Plaza, New York, NY 10020.

Embajada del Uruguay, 1918 F. Street, N.W., Washington, D.C. 20006. Consulado: 301 E. 47th Street, New York, NY 10017.

Oficina de Turismo de Venezuela, 450 Park Avenue, New York, NY 10022.

Cómo anotar lo que hay que hacer

E. Antes de salir. Ahora imagínese que dentro de tres días Ud. va a hacer el viaje que describió en la Actividad E, página 255 del texto. Llene el siguiente formulario para organizar mejor su ausencia de casa y su viaje. Agregue todos los detalles que hagan falta.

ANTES DE SALIR

En la casa

Avisar en el correo que ____________________

Conseguir a alguien que cuide ____________________

Cuentas que hay que pagar

Gas [ ]

Luz [ ]

Teléfono [ ]

Otras: ____________________

En la maleta / mochila

Ropa ____________________

Cosméticos ____________________

Cosas para el aseo personal ____________________

____

Aparatos y máquinas

Secador de pelo para corriente de 220v

Afeitadora eléctrica para corriente de 220v

Cámara y ______ rollos de película

Grabadora Walkmán y ______________

Otras cosas: ____________________

Documentos importantes

Pasaporte [ ]

Cheques de viajero [ ]

Moneda extranjera [ ]

Carnet de ______________

Otros documentos: ____________________

Nombre: ______________________________ Fecha: ______________

F. **¡Buen viaje!** Imagínese que uno(a) de sus amigos(as) va a hacer un viaje a España dentro de dos meses. Déle dos series de consejos sobre lo que él (ella) debe hacer y no debe hacer al llegar a España.

EJEMPLOS: *Habla tanto español como sea posible para que llegues a dominar bien el idioma. Trata de hacer muchas amistades con jóvenes españoles para que conozcas mejor la cultura española.*

No trates de hacer todo en un solo día o te vas a cansar demasiado. Nunca le digas nada descortés a nadie para que ningún español se forme una mala impresión de ti.

____

____

____

____

____

____

____

PERSPECTIVAS AUTÉNTICAS

Cómo dar su opinión

A. **Con anticipación.** ¿Cómo anda Ud. en su clase de español? Escriba lo que piensa, completando el siguiente párrafo con palabras y frases adecuadas.

Si yo ______________ bien en el examen final de mi clase de español, me gustaría (*ir a... / salir con...* ______________) a pasarlo bien. En cambio, si ______________ mal en el examen, entonces pienso (*marcharme a... / dejar... / irme a...* ______________) ______________ Hasta ahora, ______________ *(bien / mal)* en mis estudios de español y de la cultura hispana y, por eso, ______________

____

____

____

Cómo expresar sus impresiones y opiniones

B. **Mi ciudad.** Suponga que una familia peruana va a venir a Estados Unidos o a Canadá. Son muy buenos amigos suyos y por eso quiere enseñarles varios sitios interesantes de su región. El problema es que sus amigos tienen sólo tres días para visitarle porque también van a ir a otras partes del país. Escríbales una carta en que les describe los lugares interesantes que les va a enseñar y las cosas que usted planea hacer con ellos. Comience así:

Queridos amigos,

Todos los días pienso adónde los voy a llevar cuando lleguen aquí. Los llevaré a ______________

(nombre de su ciudad). Vamos a hacer muchas cosas y a ver muchos lugares diferentes. Por

ejemplo, ____

____

____

____

____

____

____

____

____

C. **¿Cómo pasarán sus vacaciones?** En los Capítulos 1 al 8 de su libro de texto, Ud. conoció a varias personas y a diversos grupos de gente. Describa cómo pasará sus vacaciones una de estas personas o uno de los siguientes grupos.

los estudiantes universitarios (Capítulo 1)
los padres heroicos (Capítulo 2)
los argentinos (Capítulo 3)
los pasajeros del metro de México (Capítulo 4)
los jóvenes hispanoamericanos (Capítulo 5)
un(a) joven siemprelisto(a) (Capítulo 6)
un(a) pareja buscapleitos (Capítulo 7)
el profesor de epidemiología (Capítulo 8)

____

____

____

____

____

Nombre: ______________________________ Fecha: ____________

D. ¡Desastre en el camino! Imagínese que Ud. y unos amigos se fueron de vacaciones por España por cuenta propia. Resulta que ahora han tenido un problema y deben acudir a otros amigos para que los ayuden. Escríbales un telegrama a sus amigos (o destinatarios), explicando lo que necesitan de manera muy breve. En un telegrama se pueden omitir las palabras que no sean estrictamente necesarias. El expedidor es Ud. mismo, el que manda o remite el telegrama.

EL EXPEDIDOR DEBE RELLENAR ESTE IMPRESO, EXCEPTO LOS RECUADROS EN TINTA ROJA
SE RUEGA ESCRIBA CON LETRAS MAYUSCULAS O CARACTERES DE IMPRENTA

T. G. - 1

INS. O NUMERO DE MARCACION	SERIAL	Nº DE ORIGEN	TELEGRAMA	INDICACIONES TRANSMISION
LINEA PILOTO				
OFICINA DE ORIGEN	PALABRAS	DIA	HORA	IMPORTE EN PESETAS

INDICACIONES:

DESTINATARIO: ______________________

SEÑAS: ______________________

TELEFONO: ______________ TELEX: ______________

DESTINO: ______________________

TEXTO: ______________________

SEÑAS DEL EXPEDIDOR

NOMBRE: ______________ TFNO.: ______________

DOMICILIO: ______________ POBLACION: ______________

UNE A-5 (148 x 210)

E. ¿Qué pasa en su país en agosto? Escriba una descripción de lo que pasa en su país en agosto. Haga su descripción de tal manera que una persona hispana la pueda entender. Recuerde que las vacaciones de los hispanos son más largas y diferentes. Dé ejemplos y detalles.

____

____

____

____

____

____

____

DETALLES INTERESANTES

F. Conversación en la calle. Complete la siguiente conversación con formas apropiadas de los verbos **andar, dejar, irse** y **salir.**

JOSÉ: Hola, Sebastián. ¿Cómo ______________ las cosas?

SEBASTIÁN: Bien. Y tú, ¿cómo ______________? ¿Y cómo ______________ tu viaje al Paraguay?

JOSÉ: Bastante bien, gracias. Mi viaje ______________ muy bien, pero necesito descansar ahora.

SEBASTIÁN: Sí, yo sé que el viajar le ______________ a uno agotado. ¿Qué hiciste allá?

JOSÉ: Pues, ______________ del hotel temprano todos los días y ______________ a todas partes: museos, galerías, plazas, parques.

SEBASTIÁN: Qué bueno. ¿Te compraste algunos recuerdos?

JOSÉ: No, esta vez los ______________ para los otros turistas. Es que me gusta viajar con pocas cosas, ¿ves?

SEBASTIÁN: Claro, a veces los recuerdos pesan mucho. Disculpa, pero ya ______________ a casa porque mi esposa ______________ un poco enferma. Iba a la farmacia pero ______________ en casa la receta que le dio el médico.

JOSÉ: Ay, pobrecita. Pues, espero que ella esté mejor muy pronto. Hasta luego.

SEBASTIÁN: Gracias. Chao.

EN POCAS PALABRAS

Cómo describir un lugar

A. El Parque del Retiro. No hay ningún parque más hermoso en España que el Retiro de Madrid. Para aprender más de aquel famoso lugar, complete los siguientes párrafos usando pronombres relativos adecuados de la lista.

que *o* cual
quien / quienes
cuyo (cuya / cuyos / cuyas)
el (la / lo / los / las) que *o* cual

Nombre: ____ Fecha: ____________

El Parque del Retiro es una enorme área verde de Madrid, en ____________ hay más de doce puertas de hierro. Estas puertas históricas, entre ____________ se cuentan las de la Plaza de la Independencia y la del Paseo de Coches, dejan pasar miles de turistas y de madrileños todos los días, especialmente cuando el calor de agosto empuja a la gente a la sombra de los magníficos árboles del Retiro.

El Retiro, ____________ se encuentra en el centro de Madrid, es uno de los corazones verdes de la ciudad. Los espléndidos árboles de este parque público han sido conservados por generaciones, y por todas partes hay placitas escondidas y hermosos jardines, como los del famoso Cecilio Rodríguez, ____________ era muy conocido en su época. Aquí se puede encontrar también rincones románticos, fuentes poéticas y palacios y monumentos artísticos como el Palacio de Cristal de los Borbones, ____________ hermosa silueta se refleja en las aguas de un pequeño lago.

En el Retiro hay varios monumentos también. El más famoso es la estatua ecuestre de Alfonso XII, ____________ se alza al lado de una gran fuente, en ____________ aguas se ve el reflejo de la estatua. El mismo Alfonso XII, ____________ fuera rey de España a comienzos de este siglo, puso la primera piedra del monumento en memoria de su padre. Otro monumento importante del Retiro es la Fuente de la Alcachofa, ____________ fue diseñada por Ventura Rodríguez entre los años 1781 y 1782. Esta fuente, ____________ tiene una magnífica columna en el centro de un estanque, está coronada por una alcachofa, ____________ dio origen al nombre popular de la fuente.

Cómo expresar obligaciones

B. Situaciones. Lea cada situación y escriba lo que cada viajero debe hacer para resolver su situación.

VIAJERO: Soy de Segovia en España. Acabo de llegar a los Estados Unidos y supe que mi afeitadora eléctrica no sirve aquí porque la corriente es de 110 volts. En mi país usamos 220 volts.

USTED: Pues, Ud. tiene razón, señor. Debiera ______________________________________

____

VIAJERA: Bueno, ahora estoy lista para empezar mi viaje a los países del Medio Oriente. Todo está en regla.

USTED: Pues, no todo. No te permitirán entrar en aquel país. Tienes un pasaporte, pero te falta

____

VIAJERO: Me molesta pasar por el control de seguridad cada vez que viajo en avión. No es sólo una molestia, sino también una pérdida de tiempo.

USTED: Te comprendo bien, pero hay que ______________________________

A ti te falta ______________________, amigo.

Cómo describir una secuencia de eventos

C. **Tragedia en el mar.** Complete la siguiente narración, escogiendo o el pretérito o el imperfecto, según el contexto.

East London, África del sur. — Varios barcos y helicópteros *(salvaron / salvaban)* a más de 500 personas de un barco que *(se hundió / se hundía)* ayer cerca de la costa de África del Sur.
El Ministro de Transporte P.J. Welgemoed *(dijo / decía)* que su departamento investigará una amenaza terrorista contra el crucero griego "Océanos".
Muchos de los pasajeros *(se quejaron / se quejaban)* de que la tripulación no *(hizo / hacía)* lo suficiente por ayudarlos.
El señor Graham Kingsley y su esposa Hester (estuvieron / estaban) entre los pasajeros que se *(rescataron / rescataban)* ayer. Ella *(dijo / decía)* que "no *(hubo / había)* suficientes botes salvavidas y que las olas *(fueron / eran)* tan grandes que los otros barcos no *(pudieron / podían)* acercarse. Algunas personas *(saltaron / saltaban)* al mar cuando el barco (estuvo / estaba) a punto de hundirse".
"Se *(rescató / rescataba)* a un hombre, que *(estuvo / estaba)* en el agua por 10 horas", *(comentó / comentaba)* un oficial de la Fuerza Aérea.
Alevizos Klaudatos, capitán del barco, *(dijo / decía)* que todavía se *(buscó / buscaba)* a siete de los pasajeros, pero *(negó / negaba)* haber recibido ninguna amenaza de bomba terrorista.

D. **Un incidente misterioso.** Complete Ud. la siguiente narración de lo que pasó una noche en el aeropuerto Kennedy. Recuerde que la secuencia de la acción se describe con verbos en pretérito y el escenario se describe con verbos en el imperfecto.

Una vez, en uno de nuestros viajes a España, nos ______________ *(pasar)* una cosa muy rara en el aeropuerto Kennedy. Fíjate que ______________ *(facturar)* las maletas y ______________ *(abordar)* el avión sin problemas, pero cuando todo el mundo ya ______________ *(estar)* sentado y listo para el viaje y cuando ya parecía que finalmente (nosotros) ______________ *(ir)* a salir, el avión ______________ *(dirigirse)* hacia la pista, pero no ______________ *(despegar)*. En vez de eso, ______________ *(llegar)* una gran cantidad de vehículos de seguridad y de la policía y

Nombre: ______________________________ Fecha: ____________

______________ *(rodear)* el avión. ______________ *(Traer)* grandes luces e ______________ *(iluminar)* toda esa parte de la pista y el avión mismo. ¡Qué susto tan grande!

Yo les ______________ *(preguntar)* a las azafatas y al sobrecargo qué ______________ *(estar)* sucediendo, pero nos dijeron que no ______________ *(saber)* nada. Después de mucho rato, ______________ *(anunciar)* por el sistema de comunicación interior del avión que ______________ *(ir)* a abrir las puertas para que una persona de cada familia bajara a reconocer las maletas del grupo familiar. Lenta y trabajosamente ______________ *(sacar)* todas las maletas del avión y después ______________ *(dejar)* bajar a la gente a reconocerlas.

Después que todos las ______________ *(reconocer)* y ______________ *(volver)* a subir al avión todavía ______________ *(quedar)* las cinco maletas en la pista. Los jefes y los guardias de seguridad ______________ *(hablar)* interminablemente en la pista. Para entonces, ya ______________ *(tener)* tres horas de atraso. Finalmente, ______________ *(llevarse)* las cinco maletas en una camioneta de seguridad y nos ______________ *(dar)* permiso para despegar. Por fin, justo a medianoche, nuestro avión ______________ *(despegar)* con **cinco** horas de atraso. Nunca supimos qué ______________ *(pasar)* esa noche realmente, pero muchos pasajeros ______________ *(prometer)* no volver a viajar en esa línea aérea otra vez. ¡Fue un misterio!

Cómo describir un viaje

E. ¡Vacaciones en grande! Describa un viaje que Ud. hizo en que casi todo salió bien. Dé algunos detalles en cuanto a las fechas, los lugares, los medios de transporte, el hospedaje y las actividades.

____

____

____

____

____

____

____

¡A DIVERTIRNOS MÁS!

Cómo llenar una tarjeta de turista

A. Tarjeta de turista. Complete esta solicitud para conseguir una tarjeta de turista para entrar en la República Mexicana.

ESTADOS UNIDOS MEXICANOS
SEC. DE GOBERNACION

PARA EL LLENADO DE ESTA FORMA UTILICE LETRA DE MOLDE.
FOR THE FILLING OF THIS FORM USE CAPITAL LETTERS.
REMPLIR CETTE FORME EN CARACTERES D'IMPRIMERIE.

121 No. 6 FM-3569410-

APELLIDOS / SURNAMES / NOMS DE FAMILLE — NOMBRE / FIRST NAME / PRENOM

SEXO / SEX / SEXE — EDAD / AGE / AGE — SOLTERO (A) / SINGLE / CELIBATAIRE 1 — CASADO (A) / MARRIED / MARIÉ (E) 2 — DIVORCIADO (A) / DIVORCED / DIVORCE (E) 3 — VIUDO (A) / WIDO W (ER) / VEUF (VE) 4

0 PROFESIONAL O TECNICO / PROFESSIONAL OR TECHNICIAN / PROFESSIONNEL OU TECHNICIEN

1 GERENTE, ADMINISTRADOR O FUNCIONARIO DE CATEGORIA DIRECTIVA. / MANAGER, ADMINISTRATOR, OR ADMINISTRATIVE OFFICIAL. / DIRECTEUR, ADMINISTRATEUR OU FONCTIONNAIRE ATTACHÉ DE DIRECTION.

2 EMPLEADO DE OFICINA PUBLICA O PRIVADA. / EMPLOYEE OF PUBLIC OR PRIVATE OFFICE. / EMPLOYÉ DE BUREAU PUBLIC OU PRIVE

3 COMERCIANTE O VENDEDOR / MERCHANT OR SELLER / COMMERCANT OU VENDEUR

4 AGRICULTOR GANADERO PESCADOR, ETC. / FARMER, LIVESTOCK-RAISER FISHER, ETC. / AGRICULTEUR, FERMIER, PECHEUR, ETC.

5 CONDUCTOR DE MEDIO DE TRANSPORTE. / DRIVER OF VEHICLE. / CHAUFFEUR DE VEHICULES DE TRANSPORT.

6 OBRERO / WORKER / OUVRIER

7 SERVICIOS PERSONALES / PERSONAL SERVICES / SERVICES DE PERSONNEL

8 MIEMBRO DE LAS FUERZAS ARMADAS / MEMBERS OF ARMED FORCES / MEMBERS DES FORCES ARMEES

9 ESTUDIANTE, AMA DE CASA RENTISTA, JUBILADO, MENOR / STUDENT, HOUSEWIFE BOND-HOLDER, RETIRED, MINOR / ETUDIANT, MAITRESSE DE MAISON RENTIER, RETRAITE, MINEUR

LUGAR DE NACIMIENTO / PLACE OF BIRTH / LIEU DE NAISSANCE — NACIONALIDAD ACTUAL / PRESENT NATIONALITY / NATIONALITE ACTUELLE

DOMICILIO PERMANENTE / PERMANENT ADDRESS / DOMICILE PERMANENT

PASAPORTE / PASSPORT / PASSEPORT No. — EXPEDIDO EN / ISSUED AT / DELIVRÉ A

DESTINO PRINCIPAL EN LA REPUBLICA MEXICANA. / MAIN DESTINATION IN THE MEXICAN REPUBLIC. / DESTINATION PRINCIPALE DANS LA REPUBLIQUE MEXICAINE

MEDIO DE TRANSPORTE / MEANS OF TRANSPORTATION / MOYEN DE TRANSPORT — 1 2 3 4 5 6 — OTROS / OTHERS / AUTRES 7

PARA USO OFICIAL — FOR OFFICIAL USE — OFFICIEL

AUTORIZADO PARA PERMANECER EN EL PAIS / AUTHORIZED TO REMAIN IN MEXICO / AUTORISE A SEJOURNER DANS LE PAYS — DIAS A PARTIR DE LA FECHA DE ENTRADA / DAYS FROM DATE OF ENTRY / JOURS A PARTIR DE LA DATE D'ENTREE

AUTORIZACION / PERMIT / AUTORISATION No. — DE FECHA / DATE / DATEE LE

ENTRADA

ESTE DOCUMENTO ES GRATUITO ESTE DOCUMENTO ES GRATUITO ESTE DOCUMENTO ES GRATUITO ESTE
THIS DOCUMENT IS FREE OF CHARGE THIS DOCUMENT IS FREE OF CHARGE THIS DOCUMENT IS FREE OF CH
CE DOCUMENT EST GRATUIT CE DOCUMENT EST GRATUIT CE DOCUMENT EST GRATUIT CE DOCUMENT EST GRA

UNICAMENTE PARA NACIONALIDADES QUE REQUIEREN AUTORIZACION ESPECIAL DE LA SECRETARIA DE GOBERNACION.
ONLY FOR NATIONALITIES WHICH REQUIRE SPECIAL PERMISSION FROM THE MINISTRY OF THE INTERIOR.
SEULEMENT POUR LES NATIONALITES DE QUI ONT BESOIN D'AUTORISATION SPECIALE DU MINISTERE DE L'INTERIEUR.

SELLO Y FECHA OFNA. EXPEDIDORA

SI EL EXTRANJERO ENTRO AL PAIS ACOMPAÑADO DE UN MENOR O ES RESPONSABLE DE UN VEHICULO CON MATRICULA EXTRANJERA ANOTESE EN LA PARTE SUPERIOR

INDIQUE CON UNA "X" EN LO REFERENTE A: SEXO, EDO. CIVIL, TRANSPORTE Y PROFESION U OCUPACION PRINCIPAL
MARK WITH "X" INFORMATION REGARDING: SEX, MARITAL STATUS, TRANSPORTATION AND PROFESSION OR PRINCIPAL OCCUPATION
MARQUER D'UNE CROIX CE QUI CONCERNE: SEXE, ETAT CIVILE, TRANSPORT ET PROFESSION OU POSTE PRINCIPAL

Nombre: ______________________________ Fecha: ______________

Cómo dar opiniones

B. ¿Es Ud. turista o más bien viajero(a)? Vamos a ver. Complete este cuestionario, luego calcule cuántos puntos sacó en total y consulte la tabla.

1 = casi nunca   2 = a veces   3 = casi siempre

___ Leo mucho sobre los lugares que visitaré antes de visitarlos.

___ Pruebo platos nuevos y diferentes que no conozco bien.

___ No me da miedo viajar solo(a) a un país donde no se habla inglés.

___ Prefiero viajar por mi cuenta en vez de ir con un grupo.

___ Llevo muy poco equipaje cuando viajo por más de dos semanas.

___ Prefiero hospedarme en los hoteles que tengan precios bajos.

___ Tengo confianza en que mis viajes van a salir bien.

___ Me molestan los turistas que gastan una fortuna cuando viajan.

___ Cuando viajo, lavo mi propia ropa en el hotel donde me hospedo.

___ Me gusta conversar con los extranjeros para aprender sus costumbres.

Puntos	**Clave**
26-30	¡Ud. debiera ser embajador(a) de su país!
21-25	Ud. es medio turista y medio viajero(a).
15-20	Es obvio que Ud. es un(a) turista típico(a).
10-14	Es mejor que Ud. se quede en casa este año.

Nombre: ______________________________ Fecha: ____________

CAPÍTULO 10
¡Estás en tu casa!

Actividades orales

ASÍ SE DICE

Cómo protestar

A. Para protestar un poco. Parece que a los estudiantes nunca les falta por qué protestar..., es decir, protestan por todo. ¿Por qué no protesta Ud. con ellos ahora? Si Ud. está de acuerdo con algo diga "¡Arriba el (la)...!". Si Ud. está en contra de algo, diga "¡Abajo el (la)...!" Para protestar, la entonación es descendente y el volumen de la voz es más alto, por supuesto. Preste atención al ejemplo y pronuncie las vocales muy claramente.

EJEMPLO: Un estudiante anuncia: ¡Los nacionalistas han ganado las elecciones!
Ud. está en contra y dice: *¡Abajo los nacionalistas!*

1. los militares
2. los socialistas
3. los patriotas
4. la democracia popular
5. los extremistas
6. la libertad de prensa

B. Una manifestación universitaria. Imagínese que Ud. y sus compañeros están haciendo una manifestación en contra del rector y los decanos de la universidad por ciertos reglamentos nuevos que han impuesto. Si Ud. se opone a algo, diga "Abajo con el rector", pero si está totalmente en desacuerdo, agregue "Que lo saquen". Preste atención al ejemplo y aumente la intensidad de su voz.

EJEMPLO: Un estudiante denuncia: ¡Los decanos han aumentado el número de créditos para graduarse!
Ud. dice: *¡Abajo con los decanos! ¡Que los saquen!*

¿CÓMO SE DICE?

Cómo distinguir un cumplido de una queja o comparación

A. ¿Qué opina Ud.? Ud. va a escuchar una serie de diez conversaciones. Escuche cada una de las conversaciones, luego indique en la tabla con una X si se trata de un cumplido, una queja o una comparación.

	Cumplido	Queja	Comparación
1.			
2.			
3.			
4.			
5.			
6.			
7.			

Cómo comparar

B. Hablando con los recién llegados. Imagínese que Ud. está cenando con una familia chilena recién llegada a los Estados Unidos. Escuche la conversación de algunas personas de esta familia, luego conteste brevemente sus preguntas.

1. A mí me parece ______________________________

____

2. Pues, creo que ______________________________

____

3. Desde mi punto de vista ______________________________

____

4. Bueno, yo diría que ______________________________

____

PERSPECTIVAS AUTÉNTICAS

Cómo contar de su adolescencia

A. Recuerdos del pasado. Otro hijo del exilio, Jorge Luis Aguirre Luco, les va a contar ahora su experiencia de refugiado. Ahora tiene 27 años; cuando llegó a Estados Unidos tenía 13 años. Escuche lo que dice y conteste estas preguntas.

Nombre: ______________________________ Fecha: ____________

1. ¿En qué se diferenciaban las cosas? ______________________________

____

2. ¿Qué hizo más fácil la adaptación? ______________________________

____

3. ¿Qué aspecto de su nueva vida le gustó mucho a Jorge? ______________________________

____

4. ¿Cómo está Jorge ahora? ______________________________

____

EN POCAS PALABRAS

Cómo dar una opinión

A. **Cuando la nostalgia es cosa viva.** Imagínese que Ud. ya lleva tres meses en el extranjero y que se muere por una hamburguesa. Entonces, un amigo lo invita a un Wendy's que está en otra ciudad. En el camino, Uds. tratan de decidir lo que van a pedir. Dé su opinión durante las pausas.

EJEMPLO: Su amigo dice: Mira, las papas fritas están muy baratas.
Ud. dice: *¡Yo pediría tres porciones!*

Cómo hablar de sus planes

B. Contra viento y marea. Estos exiliados tienen las ideas muy claras a veces. Converse Ud. con Paulina Enberg Ríos, una chica de Chile que vive en Oregón, y conteste sus preguntas. Ella le va a contar sus planes.

EJEMPLO: Paulina: Cuando tenga un poco de plata, voy a hacer un viaje a España. ¿Y tú?
Ud. dice: *Cuando tenga un poco de plata quiero ir a México.*

1. Bueno, cuando termine mis estudios, voy a...
2. Pues, ahora estoy..., pero pienso...
3. ¿Yo? Pues, quiero vivir en...
4. Me gustaría casarme a los... (Ya estoy casado[a], pero pienso...)
5. Bueno, creo que... (No creo que...)

Cómo dar consejos

C. Mi reloj es diferente. Uno de los problemas más comunes que tienen los emigrantes es acostumbrarse a un nuevo horario de comidas y a las actitudes diferentes en cuanto al uso del tiempo. Lo que en una cultura es deseable puede no ser importante en la otra y hasta puede ser incorrecto. Ayúdele a este chico que acaba de llegar del Perú a entender cuáles son las convenciones aquí. Conteste sus preguntas usando la tabla de referencia y el ejemplo de modelo.

EJEMPLO: Jorge Díaz: No estoy seguro qué hacer cuando voy a salir con los chicos de la universidad. ¿Puedo llegar atrasado?
Ud. dice: Mira, si estuviera en tu lugar, *no me preocuparía mucho. Puedes llegar atrasado cuando sales con ellos.*

Ocasión	Temprano	A la hora	Atrasado
salir con una chica			
reunión con un(a) profesor(a)			
cena donde una familia norteamericana			
tomar el autobús			
cita con el (la) médico(a)			

1. Mira, si fuera a salir con una chica, creo que yo...
2. Bueno, si tuviera una reunión con el (la) profesor(a) de cálculo, creo que yo...
3. La verdad, si me hubieran invitado a cenar, yo...
4. Mira, si necesitara tomar el autobús, yo...
5. Bueno, si fuera al (a la) médico(a) o al (a la) dentista, yo...

¡A DIVERTIRNOS MÁS!

Cómo escuchar un anuncio de radio

A. El Experimento. ¿Tiene Ud. algún amigo hispano que quiera estudiar inglés en los Estados Unidos? Escuche la grabación de un anuncio sobre El Experimento en Convivencia Internacional y después complete las oraciones en su manual.

1. El Experimento ofrece ______________________

____

2. Este programa les interesaría a ______________________

____

3. El Experimento es distinto de otras escuelas de idiomas porque ______________________

____

4. Los profesores del programa tienen ______________________

____

5. Si un radioescucha estuviera interesado en el programa, tendría que ______________________

____

Actividades escritas

¿CÓMO SE DICE?

Cómo expresar lo que quiere hacer

A. Antes de salir. Imagínese que Ud. va a vivir en Chile por tres meses en el verano (que es invierno allá porque Chile está en el hemisferio sur). Haga una lista de las cosas que Ud. necesita hacer antes de irse al sur de Sudamérica.

Lo que no se me debe olvidar de llevar

______________________ ______________________

______________________ ______________________

______________________ ______________________

Lo que tengo que comprar

______________________ ______________________

______________________ ______________________

______________________ ______________________

Lo que debiera solucionar

______________________ ______________________

______________________ ______________________

______________________ ______________________

Cómo agradecer, hacer cumplidos y hacer preguntas

B. Al llegar a Chile. Imagínese que Ud. ha llegado a la casa de una familia chilena con la que va a vivir por seis meses. Ahora Uds. están comiendo y hablando en la mesa. Escriba cosas que les debiera decir o preguntar. No se olvide de...

agradecerles por haberlo(la) invitado.
hacerles varios cumplidos adecuados.
hacerles algunas preguntas curiosas.

____

____

Nombre: ______________________ Fecha: __________

Cómo describir problemas y proponer soluciones

C. Problemas en el extranjero. Imagínese que Ud. va a vivir en el extranjero por un semestre. ¿Qué problemas encontrará Ud. allí y cómo tratará de solucionarlos? Primero, escriba un resumen de sus ideas, usando el siguiente esquema. Luego, desarrolle sus ideas en forma de párrafos.

Problemas	*Soluciones*
______________	______________
______________	______________
______________	______________

Párrafo

Cómo expresar sus sentimientos

D. ¿Qué opina Ud.? A menudo, cuando uno vive con una familia en el extranjero, la gente le pregunta al (a la) visitante algunas cosas sobre la política y la situación económica y social en su país de origen. ¿Cómo contestaría Ud. las siguientes preguntas desde su propio punto de vista? Sea específico(a) y dé detalles y ejemplos.

1. ¿Qué derechos tienen los ciudadanos estadounidenses (canadienses)? ¿Hasta qué límite tienen estos derechos? ¿Tienen la libertad de hacer qué cosas?

____

____

____

____

2. ¿Por qué hay tanto divorcio en los Estados Unidos (en el Canadá)? ¿Qué efectos tiene el divorcio en la familia y los hijos?

____

____

____

____

3. ¿Qué papel tiene la mujer norteamericana (canadiense) en la política? ¿Qué problemas tienen las mujeres todavía? ¿Cómo podrían resolverse estos problemas?

____

____

____

____

PERSPECTIVAS AUTÉNTICAS

Cómo ampliar su vocabulario

A. **Asociaciones.** Aparee las palabras o frases de la segunda columna con las de la primera columna. Luego escriba cinco frases con las palabras que usted ha apareado.

EJEMPLO: *Los jóvenes que están de vuelta de Dinamarca tienen grandes problemas de adaptación.*

1. ___ de Dinamarca	a. a la vista
2. ___ dudas	b. atender
3. ___ problema	c. cordillera

Nombre: ______________________________ Fecha: ____________

4. ___ choque d. danés
5. ___ conflicto e. dirigente
6. ___ albergue f. estar de vuelta
7. ___ jefe g. fenómeno
8. ___ prisionero h. golpe
9. ___ obviamente i. hogar
10. ___ servir j. lucha
11. ___ volver k. preso
12. ___ montañas l. temores

____

____

____

____

Cómo analizar

B. Viajeros a pesar suyo. Lea de nuevo la lectura "Vuelven los hijos del exilio" en las páginas 286-288. Luego, conteste las siguientes preguntas sobre la lectura.

1. ¿De qué tipo de cosas se acuerdan los jóvenes? Y Ud., ¿tiene algunos recuerdos tristes de su niñez?

____

____

____

2. ¿A qué edad salieron estos niños de su país? ¿A qué edad salió Ud. por primera vez de su estado (provincia)? ¿Adónde fue Ud.?

____

____

____

3. ¿Por qué han regresado solos estos jóvenes chilenos? ¿Adónde ha viajado Ud. solo(a)? ¿Cuál fue el propósito de su viaje?

____

____

____

4. ¿Quién fundó El Encuentro y para qué? ¿Quiénes lo (la) ayudan a Ud. económicamente cuando es necesario?

____

____

____

5. ¿Qué cosas han ayudado a readaptarse a estos jóvenes? ¿Qué cosas lo (la) ayudan a Ud. cuando tiene problemas?

____

____

____

6. ¿Cómo se dio cuenta Loreto de que existía algo llamado machismo? ¿Cree Ud. que exista el machismo aquí también? ¿Por qué?

____

____

____

Cómo describirse a sí mismo(a)

C. **Buscando nuestra identidad.** Dice el artículo que todos necesitamos encontrarnos a nosotros mismos, que todos debemos definirnos en algún momento de la vida. Escriba una composición en que Ud. explique quién es Ud. realmente y cuáles son sus metas y aspiraciones. Por supuesto, explique también cuáles son las cosas que tiene que aceptar y reconocer para poder vivir en paz consigo mismo.

Empiece así: Ahora que he leído de unos jóvenes que están tratando de readaptarse a su propio país, pienso que quizás yo también necesite readaptarme a mi propia realidad. Ya tengo ______ años y me parece que sé que mi lado débil es... ____________

____

____

____

____

____

____

____

Cómo entrevistar

D. Otros hogares. Entreviste a una persona que haya vivido en el extranjero y después escriba un informe sobre su experiencia.

Averigüe...

1. dónde, cuándo y por cuánto tiempo vivió allá.
2. en qué trabajaba y cuál era su rutina diaria más o menos.
3. qué cosas positivas recuerda.
4. qué echaba más de menos.
5. qué diferencias culturales eran más grandes.

____

____

____

____

____

Cómo describir a otra persona

E. Exiliados. En un párrafo, describa la historia de algún exiliado que Ud. conozca o pregúntele a sus amigos por alguno.

EJEMPLO: Un tío mío no quería ir a Viet Nam y entonces se fue al Canadá; allá se casó con una canadiense, formaron su hogar y se quedó en el norte para siempre; tienen tres niñas muy bonitas. Ahora viene a vernos a veces y dice que... Trabaja en el campo y también es electricista. Como nosotros somos del sur, a él le costó mucho acostumbrarse al frío del Canadá, pero dice que la gente es...

____

____

____

____

____

DETALLES INTERESANTES

F. Visita de Gustavo. Complete el siguiente cuento con formas correctas de los verbos y las expresiones de la lista que sigue.

volver	volver a	ida y vuelta
volverse	devolverse	dar una vuelta
devolver	a la vuelta	estar de vuelta

Después de pasar cinco años en Toronto, Gustavo Biglieri _______________ a Santiago de Chile. Gustavo compró un pasaje de _______________ porque ya era ciudadano del Canadá. Primero, hizo escala en Buenos Aires donde pasó una semana con unos tíos y primos. Luego, siguió su viaje en avión hasta Santiago.

Cuando Gustavo llegó al aeropuerto de Santiago, sus padres lo recibieron con abrazos y besos.

—Cuánto me alegro de que _______________ después de tantos años, dijo su papá. —Cada vez que tu mamá y yo recibíamos tus cartas _______________ locos porque queríamos verte. Por fin, ya _______________, gracias a Dios.

De _______________ en la casa, sus padres le ofrecieron un estupendo almuerzo familiar. Luego de una larguísima sobremesa _______________ en un bonito jardín que hay en la parte de enfrente de la casa.

—¿No había por aquí un quiosco donde se vendían dulces, mamá?, preguntó Gustavo.

—Sí, pero ahora está allá _______________, hijo.

—Recuerdo cuántas veces compré dulces en ese quiosco. Ahora, sin pensarlo, he _______________ para hacer lo mismo. Cuando _______________ a este lugar, siento una inmensa felicidad.

Nombre: ______________________________ Fecha: __________

EN POCAS PALABRAS

Cómo dar consejos

A. **¿Qué haría Ud.?** Lea cada situación, luego responda brevemente con una solución lógica.

EJEMPLO: Me llamo Paco Gómez y soy refugiado de El Salvador. Ahora vivo en Miami, pero echo mucho de menos a mi familia. Gano poco y, por eso, no puedo ahorrar suficiente plata para volver a mi país a visitar a mi familia. ¿Qué haría Ud.?

Yo trataría de buscar otro trabajo donde ganara más dinero, luego ahorraría tanto dinero como pudiera.

1. Me llamo María Luisa Escobar. Ahora vivo en Austria, pero soy de Guatemala. Hace cinco años que vivo en este país y hasta ahora no he podido dominar bien el alemán porque me cuesta tanto aprenderlo. Por eso, tengo problemas para hacer nuevas amistades entre los austriacos. ¿Qué haría Ud.?

____

____

____

____

____

2. Soy César Cartago de Palma. Nací en Tegucigalpa, Honduras y ahora soy ciudadano norteamericano. Vivo aquí en Denver donde soy bastante feliz. Pero tengo un problemita: mi esposa, que también nació en Honduras, no ha hecho muchos amigos hasta ahora. Ella es una persona tímida y le gusta quedarse en casa con nuestros dos hijos pequeños. Pero yo quiero que ella esté más contenta. A ella le gustaría volver a vivir en Honduras, pero a mí, no. ¿Qué haría Ud.?

____

____

____

____

____

3. Mi nombre es Lupe González y soy de México. Vivo en Fairbanks, Alaska donde hace un tremendo frío en invierno. Tengo un trabajo muy bueno aquí y también tengo un montón de amigos. Domino bien el inglés y visito a mis padres que están en México dos veces al año; sin embargo, me siento aislada aquí en el norte. ¿Qué haría Ud.?

Cómo expresar sus deseos

B. Mis sueños. Escriba oraciones para expresar sus deseos, como en el ejemplo.

EJEMPLO: yo tener suficiente dinero / irse → ?
Si yo tuviera suficiente dinero, me iría alrededor del mundo.

1. yo ser millonario(a) / hacer → ?

2. yo poder trabajar menos / gustarme → ?

3. mi familia y yo tener dinero / viajar → ?

4. yo saber hablar muy bien español / → ?

5. yo vivir en un país de habla española / → ?

6. yo → / → ?

Nombre: ____________________ Fecha: __________

Cómo escribir buenos deseos

C. **Una postal genérica.** Imagínese que le piden que escriba las alternativas para una tarjeta postal genérica en español. Complete las frases que faltan en ella.

Estoy bien, ¿y tú?

Ojalá que ...

me llamaras por teléfono

____

¡Socorro! Necesito que...

me mandes __________

me ____________________

Podría pasarlo bien si ...

____

____

Si estuvieras aquí conmigo

____

____

Si fuera Rey Mago ...

te ____________________

____

Ojalá no ...

hubiera venido en invierno

____

____

Cómo describir planes

D. **Mis metas.** Imagínese que Ud. está postulando a una beca para participar en un programa de intercambio en el extranjero. Explíqueles a las personas del comité qué haría, si Ud. consiguiera esta beca. Dé todos los detalles que pueda.

EJEMPLO: _______, ___ de _______ de 19___

Muy señores míos:

Mucho les agradecería considerar mi solicitud de beca para estudiar en _______. Si contara con esta beca podría... porque... Además, si *(tener)* esta ayuda yo también... Como Uds. ven, si _______ esta beca, me sería posible... Creo que, dadas mis buenas notas y mi gran interés en este programa, Uds. me harían muy feliz si...

Con atentos saludos de un(a) servidor(a).

Atte.,

____

Nombre: ______________________________ Fecha: ____________

E. Metas de locos. No es muy bueno hablar de cosas serias todo el tiempo. ¿Por qué no hablamos de cosas de locos? Lea el siguiente anuncio y después complete las frases que siguen.

VUELVASE LOCO!..

Por sólo $ 50,499.00* diarios usted enloquecerá de felicidad

LOS ANGELES LOCOS DE TENACATITA es el único hotel de playa de cinco estrellas, que le ofrece la combinación más amplia de entretenimiento y placer.
Diviertase, coma, beba y baile todo lo que usted desee.
Hasta las propinas, los cigarros y el I V A ya están incluidos en los $ 50,499.00*

RESERVACIONES:
MEXICO (915) 566-6600
AEROPUERTO, D.F. (915) 784-8315/45
GUADALAJARA (36) 25-3434
MONTERREY (83) 48-5490

pa-que-te-vuelvas-loco incluye:

- Habitación de lujo con vista al mar
- TV a colores con antena parabólica
- Teléfono
- Desayuno, comida y cena sin límite
- Entretenimiento nocturno diario
- Discotheque
- Uso sin límite de equipo deportivo
- Programas sociales diariamente
- Paseos a caballo
- Clínica de tenis, cuatro canchas para jugar día y noche
- Deportes acuáticos: Veleo, Buceo con snorkel Windsurfing, Scubadiving Waterskiing...
- Bebidas domésticas sin límite
- Paracaídas
- Excursiones
- Clases de aerobics
- Volleybol y juegos de playa
- Y muchas otras actividades: billar, ping pong, backgammon, ajedrez, dominó ...

FIESTA AMERICANA
LOS ANGELES LOCOS
★ ★ ★ ★ ★

*** Por persona en ocupación doble**

Consulte a su Agente de Viajes

Vigencia abril 20 a julio 14, 87

Km. 20 Carretera Melaque-Puerto Vallarta, Apartado Postal No. 7, Melaque, Tenacatita, Jal. Tel.: (333) 702-20, 702-21

1. Preferiría volverme loco en ______________________________

   porque ______________________________

2. Al paquete **pa-que-te-vuelvas-loco** parece que le faltara ______________________________

   ____

3. Si ______________, me gustaría ______________________________

   ____

4. Lástima que el hotel no ______________________________

5. ¿Quién habría pensadc que hubiera un hotel que *(llamarse)* ______________ Los ángeles locos?

6. Si quisieras adelgazar sería mejor que ______________________________

   ____

Cómo hacer planes y persuadir

F. Deseos de estudiar en otro país. Complete la siguiente conversación, usando el indicativo o el subjuntivo de los verbos entre paréntesis, según el contexto.

KEN: Hola, Ken. ¿Cómo _______________ *(estar)*?

JOHN: Bien, bien. ¿Qué _______________ *(haber)* de nuevo?

KEN: Pues, yo _______________ *(pensar)* estudiar en México este verano. Nuestro politécnico _______________ *(tener)* un buen programa de estudios allá.

JOHN: ¡Qué buena idea! Mis padres _______________ *(querer)* que yo _______________ *(estudiar)* en un país hispano también, pero _______________ *(tener)* miedo.

KEN: ¿Por qué? _______________ *(ser)* una buena experiencia para ti. Creo que es mejor que _______________ *(practicar)* español en otro país en vez de estudiar aquí este verano.

JOHN: Sí, _______________ *(tener)* razón pero me _______________ *(faltar)* dinero.

KEN: Hombre, pero _______________ *(poder)* sacar una beca o, por lo menos, un préstamo.

JOHN: Pero dudo que este politécnico _______________ *(tener)* becas ni préstamos para estudiar en el extranjero.

KEN: Oye, te sugiero que _______________ *(hacer)* lo siguiente: habla con tu consejera académica para que te _______________ *(ayudar)* a resolver tu situación financiera. Es posible que te _______________ *(conseguir)* un pequeño préstamo. De esa manera, tú y yo _______________ *(poder)* estudiar juntos en México este verano. ¿Qué te _______________ *(parecer)* la idea?

JOHN: Me _______________ *(parecer)* muy buena. Mañana mismo _______________ *(hablar)* con mi consejera.

¡A DIVERTIRNOS MÁS!

A. El curriculum vitae. Para postular a una beca, a un trabajo de verano o a un programa de intercambio en el extranjero, es muy importante presentar un curriculum vitae perfecto. Aquí tiene uno de modelo. Complételo con sus datos.

Basado en información de "Cómo se prepara el curriculum" en "Cómo buscar trabajo" por G. B. Hernández en Tú, *año 8 Nº 6, junio de 1987, pág. 39.*

Nombre: ______________________ Fecha: __________

CURRICULUM VITAE

Datos personales:

Nombre y apellidos ______________________

Fecha y lugar de nacimiento ______________________

Nacionalidad __________ Residente permanente de __________

Estado civil (soltero(a), casado(a), viudo(a), separado(a)) __________

Domicilio particular ______________________

Teléfonos __________ __________ __________

Situación militar ______________________

Ocupación actual ______________________

Preparación académica:

1. ______________________
2. ______________________
3. ______________________

Idiomas:

____

Experiencia profesional:

1. ______________________
2. ______________________
3. ______________________

Aspiraciones económicas:

____

Recomendado(a) por:

____

Cómo llenar formularios

B. Datos personales. Los inmigrantes y viajeros siempre tienen que completar formularios oficiales. Estudie el siguiente formulario, luego complételo con sus datos personales.

Entrada de extranjeros

Apellidos: 1º ______________ Nombre: ______________

2º ______________

Domicilio: ____

Fecha de nacimiento: ____

Lugar de nacimiento: ______________ Nacionalidad: ______________

Pasaporte (Nº): ______________

Expedido en : ______________ el ____________________________

Fecha de vencimiento del pasaporte: ____________________________

______________, ______ de ______________ de 19______

____
(firma)

C. ¿De dónde vinieron? Los anuncios que aparecen en la próxima página son anuncios funerarios de un diario de Santiago de Chile; se anuncia la muerte de una persona para que sus amigos vayan al funeral. Lea los anuncios y trate de ver de qué origen son estas personas según sus apellidos. Luego, escriba un párrafo con sus comentarios sobre esta diversidad étnica en Chile.

____

____

____

____

____

____

____

Nombre: ______________________________ Fecha: ____________

†

Comunicamos el sensible fallecimiento de nuestro querido tío
NICOLAS YARUR DEMIAN
(Q.E.P.D.)
Sus funerales se efectuarán mañana, a las 11 horas, en Concepción.
Familia Hamame Yarur

✡

Ha dejado de existir nuestro querido padre, esposo y abuelito, don
JOSE FILER HARTON
(Z.L.)
Sus funerales se efectuarán hoy en el Cementerio Israelita de Conchalí, a las 13 horas.
La familia

Comunicamos el sensible fallecimiento de nuestra querida esposa y madre, señora
MARIA ANGELICA FORTT ZANONI
Sus funerales se efectuarán hoy, a las 16 horas, en el Cementerio Parque del Recuerdo.
Eduardo Toro, Eduardito y Flavia

†

Tenemos el profundo sentimiento de comunicar el sensible fallecimiento de nuestro amado hijo
LUIS ALEJANDRO PERSI RIBAS
(Q.E.P.D.)
Sus funerales se efectuarán hoy en el Cementerio General, después de una misa que por el eterno descanso de su alma se oficiará en la parroquia de Nuestra Señora del Perpetuo Socorro (Conferencia con Blanco Encalada).
Sus padres

†

Tenemos el sentimiento de comunicar el sensible fallecimiento de nuestra querida esposa, madre, suegra y abuelita, señora
ESTER BAZAN DE SCHULER
(Q.E.P.D.)
Sus funerales se efectuarán hoy en el Cementerio Católico, después de una misa que se oficiará a las 11 horas en la parroquia N.S. del Carmen de La Reina (Onofre Jarpa 248).
Jorge Schuler y familia

D. ¿Cómo es Chile y su gente? Para aprender más sobre Chile, converse con alguien que conozca el país o vaya a la biblioteca y busque algunos datos sobre un aspecto de aquel país.

Posibilidad	**Ejemplos**
una región geográfica	la región de los lagos
los minerales y la minería	el cobre, el hierro, el salitre *(nitrate)*
la literatura	Pablo Neruda, Gabriela Mistral, José Donoso, Isabel Allende
las costumbres y tradiciones	las onces (hora del té), los almuerzos familiares del día domingo
las fiestas	el Festival de Viña del Mar, los rodeos
los balnearios	Viña del Mar, Reñaca, Bahía Inglesa
la comida	empanadas, vinos chilenos, el pan, las frutas, el famoso marisco chileno
la historia	el padre de la patria, Bernardo O'Higgins
las ciudades de más de 400 años	Santiago, La Serena, Concepción
el campo	los parques del sur, las fiestas

____

____

____

E. Allá y acá. Escriba una composición en que Ud. compare dos culturas distintas, por ejemplo: la cultura del campo y de la ciudad, la cultura del Este y del Medio Oeste de los Estados Unidos, la cultura hispana urbana y la cultura norteamericana urbana, etc.

ANSWER KEYS

CAPÍTULO 1
Hacer amigos es tan fácil

Actividades orales

ASÍ SE DICE

A. Para hacer preguntas.
Students read aloud from Lab Manual.

B. ¡Ahora le toca a Ud.!
1. ¿Vas a tomar cálculo el otro (próximo) semestre?
2. ¿Vives en una residencia?
3. ¿Estudias español?
4. ¿Tienes laboratorios cada semana?
5. ¿Practicas algún deporte?
6. ¿Quieres venir a mi fiesta este viernes?

C. Para hacer preguntas con entonación descendente.
Students read aloud from Lab Manual

D. ¡Ahora le toca a Ud.!
1. ¿Cómo te llamas?
2. ¿De dónde eres?
3. ¿Cuándo llegaste?
4. ¿Qué estudias?
5. ¿Dónde vives?
6. ¿Cuántos años tienes?

¿CÓMO SE DICE?

A. ¡Mucho gusto!
1. Judy Woods
2. Víctor Gutiérrez García
3. Oscar Montes Rojo

B. Nuevos amigos.

1. d
2. a
3. c
4. a
5. b

C. ¿Y tú, qué dices?
Answers will vary.

PERSPECTIVAS AUTÉNTICAS

A. Escuchemos la Radio Exterior de España.

1. b
2. b
3. c
4. a
5. b

EN POCAS PALABRAS

A. ¡Tengo demasiado trabajo!
1. María Paz Fernández Travieso, Enfermería; Visita hospitales; trabaja en la sección de niños; estudia biología y química orgánica; es voluntaria en la Cruz Roja.
2. María de los Ángeles Bulnes Saavedra, Primer año de ciencia y tecnología de los alimentos; Va a clases por la mañana; por la tarde trabaja en un laboratorio de química orgánica; hace deportes los fines de semana y nada todos los martes.
3. Rodrigo Sánchez Mora, Geografía; Tiene mucho trabajo y viaja mucho; todos los fines de semana va a la sierra; hace mapas en la computadora; participa en el club de exploradores; colecciona plantas.

B. ¡Qué limonada ni qué limonada!
Answers will vary.

C. Puras excusas.
Answers will vary.

D. Conversación por teléfono.
Answers will vary.

¡A DIVERTIRNOS MÁS!

A. Malas noticias.

1. V
2. F
3. V
4. F
5. F
6. F
7. F

Actividades escritas

¿CÓMO SE DICE?

A. ¡Bienvenido!
1. dónde
2. Cómo
3. cuántas
4. Cuántos
5. quién(es)
6. cuál (que)
7. Qué (Cuántos)
8. Cómo (Dónde)
9. Quién (Cómo)
10. cómo
11. dónde
12. Qué

B. Queridos todos...
Answers will vary.

C. Una invitación.
Answers will vary.

D. El futuro es ahora.
Answers will vary.

PERSPECTIVAS AUTÉNTICAS

A. **¿Cuánto voy a ganar cuando termine?**
Answers will vary.

B. **Tú y tus estudios.**
Answers will vary.

C. **Declaración de independencia.**
Answers will vary.

DETALLES INTERESANTES

D. **Así son las cosas aquí.**
Answers will vary.

EN POCAS PALABRAS

A. **Querido(a) amigo(a)...**
Vivo; soy; son; tienen; tengo; Somos; respetamos; Estudio; Quiero; Quiero aprender; creo; visitar; trabajo; salgo; leo; descanso; juego; vamos; somos; saber; tienes; estudias; comienzan; haces; Espero

B. **En la residencia.**
Estudio; escucha; puedo; ponen; answer will vary; gusta; sacar; creo; poner; descansar

C. **Invitaciones.**
1. No; ninguna
2. No; nadie
3. nadie (no)
4. nunca (no); nada
5. No; ni; ni; tampoco

D. **El campus ideal.**
Answers will vary.

E. **¿Qué hace Ud. cuando...?**
Answers will vary.

F. **Las tres preguntas más candentes.**
Answers will vary.

¡A DIVERTIRNOS MÁS!

A. **Mi horario de clases.**
Answers will vary.

CAPÍTULO 2
Y tu familia, ¿qué tal?

Actividades orales

ASÍ SE DICE

A. **Rimas y vocales.**
Students read aloud from Lab Manual.

B. **Vino, vio y venció.**
Students read aloud from Lab Manual.

¿CÓMO SE DICE?

A. **Amigos por correspondencia. ¿Qué dice usted?**
Answers will vary.

B. **¿Cómo se divierten Uds.?**
Answers will vary.

PERSPECTIVAS AUTÉNTICAS

A. **¡Feliz día, mamita!**
1. d
2. c
3. a
4. c
5. b

EN POCAS PALABRAS

A. **La fiesta de quince años de Gisela Reyna Coronel Mendoza.**
1. V
2. F
3. F
4. F
5. V
6. V

B. **Una conversación por teléfono.**
1. F
2. F
3. F
4. V
5. F
6. F
7. V

¡A DIVERTIRNOS MÁS!

A. **A pasarlo bien mañana.**
1. A un gran paseo familiar al Lago Esmeralda.
2. Pelotas de fútbol; hielo y refrescos; asado; guitarras.
3. Jugar (al) fútbol; cantar y bailar.

Actividades escritas

¿CÓMO SE DICE?

A. **¿De dónde son?**

Personaje	**Ocupación**
Andy García	artista de cine
Gloria Estefan	cantante; artista
Felipe González	político
Nancy López	golfista
Joaquín Andújar	beisbolista
Henry Cisneros	político
Gabriela Sabatini	tenista
Plácido Domingo	cantante de ópera
Oscar de la Renta	modista
Ricardo Montalbán	actor
Fernando Valenzuela	beisbolista
Carolina Herrera	modista

B. **Parientes famosos.**
  1. Martin Sheen, Charlie Sheen, Emilio Estévez: Padre e hijos (dos)
  2. Pablo Picasso, Paloma Picasso: Padre e hija
  3. Los Reyes Católicos: Fernando e Isabel: marido y mujer
  4. Juan Carlos de Borbón Parma (Rey de España), Felipe (Príncipe de Asturias): Padre e hijo

C. **¡Qué familia tan grande!**
  1. Gladys Urbina López
  2. Isolene Murphy Gath
  3. Bárbara Duk Palacios
  4. Miguel Ángel
  5. Juan B. Barceló Barceló
  6. Miguel Arturo, Jorge Luis
  7. Cecilia, Carmen Eliana, Anita

D. **¿Cómo es su familia?**
Answers will vary.

E. **¿Qué hace su familia?**
Answers will vary.

F. **Mi familia.**
Answers will vary.

G. **Un(a) pariente muy especial.**
Answers will vary.

H. **Las actividades de mi familia.**
Answers will vary.

I. **Una reunión familiar.**
Answers will vary.

PERSPECTIVAS AUTÉNTICAS

A. **¡Adivine Ud.!**
a. pareja, b. sólo, c. solo, d. pensión alimenticia, e. vivienda, f. criar, g. padres solos, h. hallar la forma de, i. hacer un papel, j. guarderías infantiles

B. **El Club de los Padres Heroicos.**
Answers will vary.

C. **Querida Amalia...**
Answers will vary.

EN POCAS PALABRAS

A. **La boda.**
se casó; celebró; recibieron; llegaron; fue; Hizo; salió; Fueron; estuvo; asistieron; tuvieron; pasó; fueron; sacó; esperábamos; llegaron; tomamos; ofreció; comieron; bebieron; comimos; bebimos; bailamos; pasaron

B. **Un año más tarde.**
están; está; ser; Es; está; es; es; estar; es; son; soy

C. **En casa.**
Answers will vary.

D. **Carta a una amiga por correspondencia.**
Answers will vary.

E. **Había una vez...**
Answers will vary.

F. **Una fiesta memorable.**
Answers will vary.

¡A DIVERTIRNOS MÁS!

A. **En mi opinión...**
Answers will vary.

B. **Libreta de bolsillo.**
Answers will vary.

C. **Mi santo o cumpleaños.**
Answers will vary.

D. **¡Le podría pasar a Ud.!**
Answers will vary.

E. **La familia del próximo siglo.**
Answers will vary.

CAPÍTULO 3
¿Vivir para comer o comer para vivir?

Actividades orales

ASÍ SE DICE

A. **¡Aquí no atienden bien!**
Students repeat answers.

B. **¿Hay otro poquito?**
Answers will vary.

C. **En un restaurante.**
  1. A mí, tráigame ensalada de espinacas, por favor.
  2. A mí, tráigame bife con papas fritas, por favor.
  3. A mí, tráigame un helado de piña, por favor.
  4. A mí, tráigame una taza de café, por favor.
  5. A mí, tráigame un vaso de vino tinto, por favor.

6. A mí, tráigame pescado frito con arroz, por favor.

¿CÓMO SE DICE?

A. **En la mesa.**

1.	d	5.	c
2.	f	6.	b
3.	e	7.	g
4.	a		

B. **Sobre gustos no hay nada escrito.**
Answers will vary.

C. **¡Estás en tu casa!**

1.	b	4.	c
2.	a	5.	c
3.	b		

D. **La lista de las compras.**
Una docena de huevos; un kilo de manzanas; dos kilos de azúcar; dos litros de leche; medio kilo de salchichas

E. **¿Qué dice Ud.?**
Answers will vary.

PERSPECTIVAS AUTÉNTICAS

A. **El complemento ideal de un buen plato.**

Champán seco	Antes de la comida
Champán dulce	Con el postre
Vino tinto	Con las carnes rojas, el vacuno, el cordero, el cerdo, la lasaña, la pizza, los espaguetis a la boloñesa
Vino rosado	Con todo plato
Moscatel	Con el postre
El vino blanco	Con las carnes blancas, el pollo, el pescado, los mariscos, la pasta con atún, la salsa blanca, las espinacas

EN POCAS PALABRAS

A. **Por fin, ¡a comer!**

1.	a	5.	b
2.	e	6.	f
3.	c	7.	d
4.	c		

¡A DIVERTIRNOS MÁS!

A. **Sanborn's.**

1.	F	4.	F
2.	V	5.	V
3.	F		

Actividades escritas

¿CÓMO SE DICE?

A **Asociaciones.**

1.	d	6.	c
2.	c / e	7.	h
3.	g	8.	a
4.	b	9.	f
5.	j	10.	i

B. **¡Buen provecho!**

1.	servilleta	5.	tenedor
2.	platillo	6.	plato
3.	cucharadita	7.	cuchara
4.	copa	8.	cuchillo

C. **¡A desayunar!**
Answers will vary.

D. **¿Qué comiste ayer?**
Answers will vary.

E. **Los cupones.**
Answers will vary.

F. **Una dieta equilibrada.**
Answers will vary.

G. **¿Qué diría Ud.?**
Answers will vary.

PERSPECTIVAS AUTÉNTICAS

A. **Asociaciones.**

1.	i	7.	e
2.	j	8.	c
3.	k	9.	l
4.	b	10.	f
5.	g	11.	h
6.	d		

B. **Más carne, por favor.**
Answers will vary.

C. **Instituciones nacionales.**
Answers will vary.

EN POCAS PALABRAS

A. **¡A comer!**

huevos → los → los → los
señor → Se

Le → don Diego → le
trucha → la → la
ANITA → me → Me
arroz → Lo → lo

B. En un restaurante.

1. Tráigame...
2. Sírvanos...
3. Tome...
4. Mire...
5. Pónganos...
6. Denos...

C. Favores típicos.
Answers will vary.

D. ¡Fiesta!
Answers will vary.

E. Comer juntos.
Answers will vary.

F. Intercambiemos nuestras recetas preferidas.
Answers will vary.

¡A DIVERTIRNOS MÁS!

A. ¡Perdón, me olvidé!
Answers will vary.

B. Una carta al gerente.
Answers will vary.

C. Estudiante extranjero.
Answers will vary.

CAPÍTULO 4
¿Vivir o sobrevivir en la ciudad?

Actividades orales

ASÍ SE DICE

A. ¿Dónde está?
Students repeat what is on the tape.

B. ¿Puedo ir en metro o en camión?
Answers will vary.

¿CÓMO SE DICE?

A. En la ciudad de Cuernavaca.

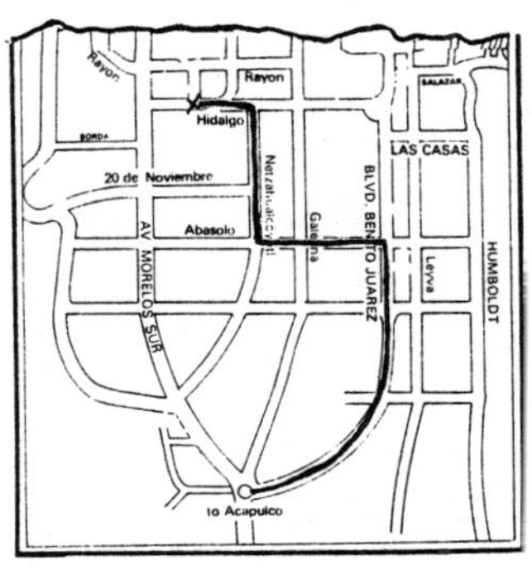

B. Un viaje peligroso.

1. Alberto, ¡para, para!
2. Alberto, ¡vamos 3anda más despacio, por favor!
3. Alberto, ¡cuidado con los peatones!
4. Alberto, allí hay una cabina telefónica.
5. Alberto, veo que faltan veinte kilómetros.

PERSPECTIVAS AUTÉNTICAS

A. Las estaciones del metro de México.
Part 1: Answers will vary.
Part 2:

Zócalo	eagle with serpent
Candelaria	duck
Chapultepec	grasshopper
Juanacatlán	butterfly
Pino Suárez	Aztec altar
Emiliano Zapata	Silhouette of Zapata
Pancho Villa	Villa on horseback
Isabel la Católica	Columbus's boat

B. Las últimas noticias.
Part 1: Answers will vary.
Part 2:

1. c
2. c
3. b
4. b
5. b

EN POCAS PALABRAS

A. ¿Dónde ocurrió eso?

1. c
2. b
3. c
4. b

B. Minitragedias.

1. c
2. c
3. b
4. b
5. a

C. Final feliz.
(1) 3, 1, X, 4, 2
(2) 3, X, 2, 4, 1
(3) 4, 2, 1, X, 3

¡A DIVERTIRNOS MÁS!

A. Noticiario del tráfico.
las Reforma y Juárez — un accidente
el monumento de Cristóbal Colón —
estudiantes universitarios están de huelga
la Plaza de la Constitución y la catedral —
una procesión de la Purísima

Actividades escritas

¿CÓMO SE DICE?

A. Rótulos de la ciudad.
Answers will vary.

B. ¿Dónde están?
Answers will vary.

C. **¿Me puede ayudar?**
Answers will vary.

D. **¡Ay! ¡Qué lío!**
Answers will vary.

E. **Un(a) americano(a) en Madrid.**
Answers will vary.

PERSPECTIVAS AUTÉNTICAS

A. **Asociaciones.**
metro; residentes; sabor; admiración; estilo.
modo; enconómico; Hoy día; monstruosas; aproximadamente; va.
violaciones de la ley; policías; De verdad; muy cansado; hermosura; (este magnífico) medio.

B. **El lado bueno de una ciudad.**
Answers will vary.

EN POCAS PALABRAS

A. **Diario de viaje.**
visité; encantaron; entramos; admiramos; estaba; llamaron; fueron; olvidé; llamó; fue; podían; había; había; tuve; quería; era; conversaba; tocaban

B. **Lucho.**
iba; vio; brillaba; se paró; era; tomó; miró; metió; miró; vio; corrió; había; temblaban; palpitaba; se preguntó; fue; entró; demostró; dijo; habían; habían; era; recibió; encontró; tuvo

C. **Anita y Maribel.**
has estado; Has comido; hemos almorzado; he visto; he oído; has sido
1. ha estado
2. ha comido
3. han almorzado
4. ha visto, ha oído

D. **Agencia de viajes Mundo Nuevo.**
ha tomado; ha pensado; ha contado; ha hablado; ha mostrado; ha dicho; ha hecho; hemos estado

E. **La vida en mi barrio.**
Answers will vary.

F. **Y fíjate que una vez...**
Answers will vary.

¡A DIVERTIRNOS MÁS!

A. **Para estar bien preparado.**
Answers will vary.

B. **¡Le podría pasar a Ud. en México, D.F.!**
Answers will vary.

CAPÍTULO 5
¡A pasarlo bien!

Actividades orales

ASÍ SE DICE

A. **Resoluciones.**
Answers will vary.

B. **El porvenir.**
Answers will vary.

¿CÓMO SE DICE?

A. **Aló, ¿con quién?**
Answers will vary.

PERSPECTIVAS AUTÉNTICAS

A. **Entrevista con un futuro Andújar.**
Answers will vary.

EN POCAS PALABRAS

A. **Urgencias.**
1. Se lastimó un ojo.
2. Tiene un problema con el tobillo derecho.
3. Se cayó, se quebró el hombro, dos dedos y la mano derecha.
4. Se lastimó el brazo porque se cayó.

B. **Panorama deportivo de verano.**
Answers will vary.

¡A DIVERTIRNOS MÁS!

A. **Mis propios planes.**
Answers will vary.

B. **¡A pasarlo bien en Cancún!**
1. F 2. V 3. F
4. V 5. F 6. F

Actividades escritas

¿CÓMO SE DICE?

A. **Y Ud., ¿qué dice?**
Answers will vary.

B. **¿Cuál le gusta más y cuánto?**
Answers will vary.

C. **El costo de hacer deporte.**
Answers will vary.

PERSPECTIVAS AUTÉNTICAS

A. **Amplíe su vocabulario.**
La juventud siempre goza del sol y de los deportes al aire libre. Muchos jóvenes

toman el sol simplemente y muchos otros **hacen** deportes como el vóleibol o el fútbol.

Durante el verano, los centros comerciales también ofrecen **diversiones** para ellos y **se encuentran** allí para ir al cine y luego visitar las tiendas de música donde escuchan a sus cantantes **preferidos.**

Durante el verano y las vacaciones de invierno muchos jóvenes trabajan de **meseros** y otros participan en programas **del gobierno.** Aprenden diferentes **trabajos. Así,** ellos pueden aprender y ganar dinero. A veces, los jóvenes de ambos sexos reciben **ayudas financieras** que alivian la carga económica que les significa tomar clases durante el verano.

La vida **de noche** de los jóvenes varía según el lugar. Algunos de ellos **van** a la plaza principal para juntarse con sus amigos. Otros van a las discotecas donde esperan en largas **filas** para entrar. Claro que todos los jóvenes hablan de los últimos **rumores acerca de** sus amigos y profesores.

B. Nuevas caras en el béisbol.
ganar; Jays; base; contrataron; jardinero; equipo; Boston; jugador; base; parte; cambios; triunfos; Sox; derrotar; contrataron/adquirieron; valioso/efectivo

C. Mis pasatiempos y deportes.
Answers will vary.

D. Ahora le toca a Ud.
Answers will vary.

E. Una forma de vida.
Answers will vary.

DETALLES INTERESANTES

F. El día que ganamos el partido.
Answers will vary.

EN POCAS PALABRAS

A. Entre amigos.
se llama; nos divertimos; mantenernos; nos levantamos; nos bañamos; nos desayunamos; nos vestimos; nos arreglamos; nos pusimos; se sentía; se subió; se paró; se acordó; se bajó; nos reunimos; nos saludamos; nos fuimos; se cayó; se lastimó; se acordaba

B. Conversación en el parque.
podamos; esté; salgamos; nos vayamos; lleguemos; tenga; lleguemos; nos quedemos

C. Así es mi vida.
Answers will vary.

D. ¿Adónde podemos ir?
Answers will vary.

E. ¿Qué opina Ud.?
Answers will vary.

¡A DIVERTIRNOS MÁS!

A. Mi carnet deportivo.
Answers will vary.

B. Dos puntos de vista.
Answers will vary.

CAPÍTULO 6
De compras en el centro

Actividades orales

ASÍ SE DICE

A. ¿Cuál quiere ver?
Students repeat after speaker on the tape.

¿CÓMO SE DICE?

A. ¿En qué puedo servirle?
La primera cliente necesita talla número __36__.
El segundo cliente debe comprar talla número __44__.
El tercer cliente necesita talla número __48__.
La cuarta cliente debe comprar talla número __42__.

B. Día de los Reyes.
(Carlos) Un auto chiquito, una camiseta roja
(Memo) Una pelota de fútbol de cuero, un radio estéreo con grabadora
(Sara) Un equipo de laboratorio con microscopio

PERSPECTIVAS AUTÉNTICAS

A. ¡Adivine quién es!
1. SiempreListo
2. Goloso
3. Caótico
4. Nostálgico

EN POCAS PALABRAS

A. ¡Pero si ya lo hice!
Part 1: Students just listen.
Part 2: Students repeat after speaker on tape.
1. Ya se la di.
2. Ya se lo presté.
3. Ya se la mandé.
4. Ya se los di.
5. Ya se las pedí.
6. Ya se lo dije.

B. ¿Cuánto te costó?
1. Me lo dejaron en treinta y cinco dólares nada más.
2. Me la dejaron en treinta y dos dólares nada más.
3. Me lo dejaron en quince dólares nada más.
4. Me la dejaron en veinte dólares nada más.
5. Me los dejaron en cuarenta y cinco dólares nada más.
6. Me lo dejaron en sesenta dólares nada más.

C. Temporada de compras.
Answers will vary.

D. ¿Qué es lo que dice?
1. Compra la cerveza para la fiesta.
2. Consigue el pastel de cumpleaños.
3. Busca el teléfono de Tito.
4. Llega (muy) temprano a la fiesta.
5. Trae películas a colores.

¡A DIVERTIRNOS MÁS!

A. ¡Qué conjunto más elegante, niña!
1. b
2. a
3. d
4. a
5. a

B. Su cartera lo revela todo.
1. una ejecutiva muy ordenada: 180 gramos
2. supersticiosa desordenada: 2 kilos
3. un vendedor de libros: 300 gramos
4. la reina de las bolsitas: 2,5 kilos
5. insegura del futuro: 1,5 kilos
6. aproblemada: 800 gramos

Actividades escritas

¿CÓMO SE DICE?

A. Antes de ir de compras.
Answers will vary.

B. De compras.
Answers will vary.

C. Disculpe, pero tengo un problema...
Answers will vary.

D. ¡Se equivocaron!
Answers will vary.

PERSPECTIVAS AUTÉNTICAS

A. Caos completo.

comer: barras de maní, bombones, chupetes, galletas
leer: recortes, recortes de periódicos
escribir: lápices, cartas, estampillas, tarjetas postales
reparar: botones, cinta adhesiva, hilo y agujas, parches adhesivos
viajar: linterna
arreglarse: imperdibles, lápices de labios, maquillaje líquido, máquina de afeitar, polvos compactos, rimel para las pestañas, secador de pelo

B. Definiciones.
Answers will vary.

C. Agenda de apuntes.
Answers will vary.

D. Dime... y te diré quién eres.
Answers will vary.

DETALLES INTERESANTES

E. ¿Grandecito o grandote?
1. bolsón; carterón; carterazo
2. camisón
3. ojazos
4. bombón (no bombazo, éste es sólo para los terroristas)
5. billetito
6. manotazo

EN POCAS PALABRAS

A. En el Departamento de Caballeros.
le → señor → se → le → me → me → le → me → Le → me
pantalones → los → los → Los → los
corbata → la
corbatas → las
estas dos rojas → las
ésa → la

B. ¿Dónde está mi...?
te la; se lo;los; los; te (se) los

C. Mil gracias por tu regalo.
Answers will vary.

D. En la relojería.
ese; esas; este; esta; estos; esos; este; esta

E. ¿Bala o pluma?
Éstas; aquéllas/ésas; este; Lo; lo; se lo; esa; le

F. ¿Qué hago?
1. Es mejor que compres con dinero al contado.
2. Es mejor que cambies pesos mexicanos.
3. Es mejor que no compres nada.

4. Es mejor que esperes otro año.
5. Es mejor que trabajes en verano e invierno.

G. Mis sueños.
Answers will vary.

H. Consejos para un(a) amigo(a).
ten; ve; mira; Come; pidas
lleva; lleves; lee; busca; compres; Trata; pagues; Escríbeme; pásalo

I. Más claro, echarle agua.
1. Paga todas tus deudas ahora mismo.
2. No debes comprarte otra camisa nueva. / No te compres otra camisa nueva.
3. Ahorra unos cincuenta dólares al mes.
4. No debes ir a Florida. / No vayas a Florida ahora que debes tanto dinero.
5. Haz mejores planes para otra vez.
6. No lleves tanto dinero en billetes.
7. No te levantes tan temprano.

J. La hora de la verdad.
Answers will vary.

¡A DIVERTIRNOS MÁS!

A. Dos puntos de vista.
Answers will vary.

CAPÍTULO 7
¿Quieres salir conmigo?

Actividades orales

ASÍ SE DICE
A. ¡Qué palabras tan largas!
Students only repeat the words.

B. Carlos está furioso.
Answers will vary.

¿CÓMO SE DICE?

A. Una invitación.

1.	F	4.	F
2.	F	5.	F
3.	V	6.	V

B. ¡Qué fin de semana!
Answers will vary.

PERSPECTIVAS AUTÉNTICAS
A. Nadie es perfecto.

1.	b	3.	c
2.	a	4.	a

EN POCAS PALABRAS
A. Todo se pierde aquí.
1. ¿Dónde estará?
2. ¿Quién la tendrá?
3. ¿Cuándo llegará?
4. ¿Dónde los pondrán?
5. ¿Dónde las guardarán?

B. ¿Qué crees tú que pasará?
Answers will vary.

¡A DIVERTIRNOS MÁS!
A. Un ingrediente básico de toda salida.
Answers will vary.

B. ¿Compatibles o incompatibles?
A-1 C-3 D-2

Actividades escritas

¿CÓMO SE DICE?
A. ¡A pasarlo bien!
Answers will vary.

B. Una invitación.
Answers will vary.

C. ¿Qué significa *fun* para Ud.?
Answers will vary.

D. ¿Y tú? ¿Qué hiciste?
Answers will vary.

E. ¿Qué pasó?
Answers will vary.

PERSPECTIVAS AUTÉNTICAS
A. Asociaciones.

1.	f	5.	b
2.	a	6.	d
3.	h	7.	g
4.	c	8.	e

B. Expresiones idiomáticas.
Answers will vary.

C. ¿Será amor o no?
Answers will vary.

D. El Príncipe Azul (La Dulcinea) ideal.
Answers will vary.

E. De amor y de amistades.
Answers will vary.

F. Más vale...
Answers will vary.

G. **El noviazgo.**
Answers will vary.

DETALLES INTERESANTES

H. **Jugar con las palabras no cuesta nada.**
Answers will vary.

EN POCAS PALABRAS

A. **Así soy yo.**
Answers will vary.

B. **¿Cómo será mi pareja ideal?**
Answers will vary.

C. **Entre amigos.**
1. por; para; por; para; Por; para; por
2. por; por; para; para; por; por; Por; para; para; para; Por; por

D. **Pronóstico de tiempo.**
necesitarán; lloverá; durará; hará/habrá; estará; subirá; nevará; hará

E. **¡Qué bien lo vamos a pasar!**
haremos; nos levantaremos; desayunaremos; saldremos; será; tendremos; llegaremos; dormiré; Dormirás; tendré; será; almorzaremos; tendremos; comeré; pediré; pasaremos; hará

F. **¿Quién será?**
Answers will vary.

G. **Las delicias del diario vivir.**
Answers will vary.

¡A DIVERTIRNOS MÁS!

A. **¿Qué tiempo hará?**
Answers will vary.

CAPÍTULO 8
Con la salud no se juega

Actividades orales

ASÍ SE DICE

A. **La pronunciación de *ge/gi, ha/he, hi/ho/hu* y *ja/je/ji/jo/ju*.**
Students only repeat words.

B. **Inflamaciones e infecciones.**
Students only repeat words.

¿CÓMO SE DICE?

A. **¿Qué pasa?**
CARLOS: tos
MARTA: escalofríos
JOSÉ: estornuda
CARMEN: nariz tapada
PANCHO: hipo
ALBA: dolor de garganta

B. **¡A dibujar!**
Answers will vary.

C. **Fracturas y laceraciones múltiples.**
Raúl: X on leg, left arm, face and neck
María: X on left calf; right hip, 3 left ribs and head

EN POCAS PALABRAS

A. **Vitaminas y minerales en vez de cosméticos.**
Answers will vary.

B. **¿Corto(a) de vista? ¡Estás a la moda!**
Answers will vary.

¡A DIVERTIRNOS MÁS!

A. **¿Le duele la espalda?**
1. b 2. c
3. b 4. c
5. a. una libra; b. 283 gramos; c. 200 gramos; d. 3 onzas; e. Answers will vary.

B. **Consejos para bajar de peso.**
Answers will vary.

Actividades escritas

¿CÓMO SE DICE?

A. **Las partes del cuerpo.**
pies — *manos*
pecho — espalda
codos — rodillas
cuello — cintura
brazos — piernas
hombros — caderas
tobillos — muñecas

B. **Adivine los símbolos.**
1. corazón
2. ojo
3. cabeza
4. mano
5. piernas
6. huesos
7. oreja

C. **¡Ay, doctorcito, qué dolor!**
1. bronquitis
2. laringitis
3. gingivitis
4. herpes simple
5. dermatitis
6. amigdalitis
7. hepatitis
8. apendicitis

D. **¿Qué les pasa?**
Answers will vary.

E. **El diagnóstico.**
Answers will vary.

F. **La medicina no tradicional.**
Answers will vary.

G. **Consejos médicos.**
Answers will vary.

H. **Una consulta médica.**
Answers will vary.

I. **Su ejercicio diario.**
Answers will vary.

PERSPECTIVAS AUTÉNTICAS

A. **Reglas de correr.**
vecindario; trotar; las carreteras; en la madrugada; un carnet; los baches; los desperdicios; averiguar; la marea; pesque un resfriado; medicamentos

B. **En urgencias.**
Answers will vary.

DETALLES INTERESANTES

C. **¡Qué cara!**
Answers will vary.

EN POCAS PALABRAS

A. **¡Cuidado cuando corra!**

JUAN:	Quisieras
ALFREDO:	hubiera, pudieras, estuvieras
JUAN:	saliera
ALFREDO:	ocurriera
JUAN:	Debieras
ALFREDO:	usara
JUAN:	compraras

B. **Llegó la hora de desquitarse.**
Answers will vary.

C. **Me lo dijo el (la) médico(a).**
1. ...que fueras al laboratorio.
2. ...que te acostaras temprano y durmieras unas diez horas.
3. ...que hicieras un buen caldo de pollo mañana y que te quedaras en cama todo el día.
4. ...que tomaras las cápsulas de penicilina cada seis horas y unas aspirinas para la fiebre.
5. ...que ni salieras al frío ni bebieras este fin de semana por nada del mundo.

D. **Consejos de salud.**
1. Antes de que; en caso de que
2. hasta que
3. A menos que; antes de que
4. para que
5. con tal de que; por mucho

E. **¿Qué sabe Ud. de medicina y nutrición?**
Answers will vary.

F. **Consejos sanos.**
1. tan; como
2. menos; que
3. menos; que
4. más; que
5. más; menos; que
6. malo; peor

G. **¿Cuál manera de pasar hambre prefieres?**
Answers will vary.

¡A DIVERTIRNOS MÁS!

A. **Carnet de salud.**
Answers will vary.

CAPÍTULO 9
Vacaciones en grande

Actividades orales

ASÍ SE DICE

A. **Cifras chicas y altas.**
Students listen and repeat.

B. **Cómo hablar sobre un paseo.**
Students listen and read.

¿CÓMO SE DICE?

A. **¡Su atención, por favor!**
1. Mexicana de Aviación, vuelo Nº 454 desde Caracas, puerta H-1
2. Avianca, vuelo 39 desde Bogotá, demorado, llegará a las 23:40, no a las 23:00
3. LAN-Chile, vuelo 385 a Santiago con escala en Lima, listo. Pasajeros a la puerta B-10
4. Sr. Luis Valdés Romero, al mostrador de Aeroméxico en el primer piso
5. Lloyd Aéreo Boliviano canceló el vuelo 113 a La Paz; pasajeros al mostrador

B. **¡Viaje primero, pague después!**
Answers will vary.

PERSPECTIVAS AUTÉNTICAS

A. **Así me gusta a mí.**
Answers will vary.

B. **¿Y a qué van los extranjeros a España?**
82% — sol; 50% — descanso; 38% — divertirse; 28% —conocer sitios nuevos; 24% — le interesa la gente; 33% — las playas; 25% — la vida nocturna; 20% — el buen comer y beber

EN POCAS PALABRAS

A. En el aeropuerto.
1. b
3. a
2. c
4. a

B. En el Aeropuerto de Barajas.
Answers will vary.

¡A DIVERTIRNOS MÁS!

A. En el avión.

1. d 3. c
2. a 4. b

B. Anuncio de American Airlines.
Answers will vary.

Actividades escritas

¿CÓMO SE DICE?

A. La Ronda.
1. Tegucigalpa, Honduras
2. Answers will vary.
3. Answers will vary.

B. De viaje por avión.

1 Antes que nada, decida adónde le gustaría viajar.
8 Aborde el avión cuando se anuncie la salida de su vuelo.
4 Haga la maleta, pero lleve sólo lo necesario para su viaje.
5 Llegue como una hora antes de la salida de su vuelo para que no ande apurado(a).
2 Después, vaya a una agencia de viajes para comprar el boleto de avión.
6 Vaya al mostrador para que le den su tarjeta de embarque y para que le facturen su equipaje.
7 Si Ud. tiene tiempo, tome un café o algún refresco, o simplemente relájese en la sala de espera.
3 Dígale al (a la) agente el destino de su viaje e indíquele si Ud. quiere comprar un boleto de ida y vuelta o sólo de ida.
9 Salude a la azafata y al sobrecargo, busque su asiento, siéntese, abróchese el cinturón de seguridad, luego espere el despegue del avión.
10 Al llegar a su destino, pase primero por el control de inmigración, luego por la aduana. ¡Que se divierta Ud. mucho!

C. Si fuera millonario(a)...
Answers will vary.

D. Viaje a Sudamérica.
Answers will vary.

E. Antes de salir.
Answers will vary.

F. ¡Buen viaje!
Answers will vary.

PERSPECTIVAS AUTÉNTICAS

A. Con anticipación.
Answers will vary.

B. Mi ciudad.
Answers will vary.

C. ¿Cómo pasarán sus vacaciones?
Answers will vary.

D. ¡Desastre en el camino!
Answers will vary.

E. ¿Qué pasa en su país en agosto?
Answers will vary.

DETALLES INTERESANTES

F. Conversación en la calle.
andan; te va; salió; salió; deja; salí; anduve; dejé; me voy; anda; dejé

EN POCAS PALABRAS

A. El Parque del Retiro.
la que; las que; que; quien; cuya; que; cuyas; que; que; que; lo cual

B. Situaciones.
Answers will vary.

C. Tragedia en el mar.
salvaron; se hundió; dijo; se quejaron; hizo; estaban; rescataron; dijo; había; eran; pudieron / podían; saltaron; estaba; rescató; estuvo; comentó; dijo; buscaba; negó

D. Un incidente misterioso.
pasó; facturamos; abordamos; estaba; íbamos; se dirigió; despegó; llegó; rodearon; trajeron; iluminaron.
pregunté; estaba; sabían; anunciaron; iban; sacaron; dejaron.
reconocieron; volvieron; quedaban; hablaban; teníamos; se llevaron; dieron; despegó; pasó; prometieron

E. **¡Vacaciones en grande!**
Answers will vary.

¡A DIVERTIRNOS MÁS!

A. **Tarjeta de turista.**
Answers will vary.

B. **¿Es Ud. turista o más bien viajero(a)?**
Answers will vary.

CAPÍTULO 10
¡Estás en tu casa!

Actividades orales

ASÍ SE DICE

A. **Para protestar un poco.**
Students listen and repeat.

B. **Una manifestación universitaria.**
Students listen and repeat.

¿CÓMO SE DICE?

A. **¿Qué opina Ud.?**

	Cumplido	Queja	Comparación
1.	X		
2.		X	
3.			X
4.	X		
5.	X		
6.		X	
7.			X

B. **Hablando con los recién llegados.**
Answers will vary.

PERSPECTIVAS AUTÉNTICAS

A. **Recuerdos del pasado.**
Answers will vary.

EN POCAS PALABRAS

A. **Cuando la nostalgia es cosa viva.**
Answers will vary.

B. **Contra viento y marea.**
Answers will vary.

C. **Mi reloj es diferente.**
Answers will vary.

¡A DIVERTIRNOS MÁS!

A. **El Experimento.**

1. (El Experimento ofrece) cursos de inglés para gerentes, hombres de negocios, médicos, enfermeras, abogados y otros profesionales, todos a precios muy económicos.
2. (Este programa les interesaría a) las personas que quisieran practicar el inglés y vivir con una familia norteamericana.
3. (El Experimento es distinto de otras escuelas de idiomas porque) ofrece clases en grupos pequeños o clases particulares que pueden durar de tres semanas a seis meses.
4. (Los profesores del programa tienen) maestría de enseñanza del inglés como segundo idioma.
5. (Si un radioescucha estuviera interesado en el programa, tendría que) escribir a "El Experimento en Convivencia Internacional", Kipling Road, Brattleboro, Vermont, 05301-0676, Estados Unidos de Norteamérica.

Actividades escritas

¿CÓMO SE DICE?

A. **Antes de salir.**
Answers will vary.

B. **Al llegar a Chile.**
Answers will vary.

C. **Problemas en el extranjero.**
Answers will vary.

D. **¿Qué opina Ud.?**
Answers will vary.

PERSPECTIVAS AUTÉNTICAS

A. **Asociaciones.**

1.	d	5.	j	9.	a
2.	l	6.	i	10.	b
3.	g	7.	e	11.	f
4.	h	8.	k	12.	c

B. **Viajeros a pesar suyo.**
Answers will vary.

C. **Buscando nuestra identidad.**
Answers will vary.

D. **Otros hogares.**
Answers will vary.

E. **Exiliados.**
Answers will vary.

DETALLES INTERESANTES

F. **Visita de Gustavo.**
volvió; ida y vuelta; hayas vuelto/vuelvas; nos

volvíamos; estás de vuelta; regreso/vuelta; dieron una vuelta; a la vuelta; vuelto; vuelvo

EN POCAS PALABRAS

A. **¿Qué haría Ud.?**
Answers will vary.

B. **Mis sueños.**
Answers will vary.

C. **Una postal genérica.**
Answers will vary.

D. **Mis metas.**
Answers will vary.

E. **Metas de locos.**
Answers will vary.

F. **Deseos de estudiar en otro país.**
KEN: estás
JOHN: hay
KEN: pienso; tiene
JOHN: quieren; estudie; tengo
KEN: Sería; practiques
JOHN: tienes; falta
KEN: puedes
JOHN: tenga
KEN: hagas; ayude; consiga; podremos; podemos; parece
JOHN: parece; hablo

¡A DIVERTIRNOS MÁS!

A. **El curriculum vitae.**
Answers will vary.

B. **Datos personales.**
Answers will vary.

C. **¿De dónde vinieron?**
Answers will vary.

D. **¿Cómo es Chile y su gente?**
Answers will vary.

E. **Allá y acá.**
Answers will vary.

Credits

p. 4	Exercise A, adapted from *Cambio16*, Nº 816, July 20, 1987, pp. 36-37.
p. 11	Graph reprinted from *The Review*, Jan. 22, 1988, p. 6, University of Delaware.
p. 49	Minute Maid coupon, a registered trademark of the Coca-Cola Company, from Coca-Cola Foods, C.M.S. No 25000, 1 Fawcett Drive, Del Rio, TX 78840.
p. 52	Menu courtesy of Cambalache Restaurant, 174 Lincoln St., Boston, Massachusetts.
p. 61	Map reprinted from *Cuernavaca: A guide for students and tourists*, James J. Horn, PhD, Educational Travel Service, 1986, p. 32-33.
pp. 66, 69	Map reprinted from *The Mexico City News*, special section.
p. 78	"Información del metro", reprinted from *Plano de Madrid Metro a Metro*, August, 1987, by RUGOMA, S.A., Spain.
p. 83	"Panorama deportivo" reprinted from *El mercurio*, 25 de enero, 1987, p. C8, Santiago de Chile.
p. 86	Exercise B, adapted from *Más*, March-April, 1991, vol. iii, Nº 2.
p. 92	List of activities, from Patronato Municipal de Turismo, Spain.
p. 101	Exercise B, adapted from "El insólito mundo de las carteras, bolsillos y maletines", by Mariana Novoa, *Paula*, 338, December 16, 1980, pp. 98-101, 111.
p. 120	Weather map reprinted from *The Boston Globe*, April 4, 1988, p. 30, courtesy of Accu Weather, Inc.
p. 120	Exercise B, adapted from "¿Incompatibles o no? ¡Sus manos tienen la respuesta!", *Buenhogar*, Año 22, Nº 26, December 15, 1987, pp. 67-69.
pp. 130, 131	Exercises A and B, adapted from "Una radiografía de tu personalidad", *Tú*, Año 9, º 1, January, 1988, pp. 74-75.
p. 136	Weather map reprinted from *El mercurio*, 25 de enero, 1987, p. C14, Santiago de Chile.
p. 141	Exercise B, adapted from information taken from "¡Cómprate los anteojos según tu tipo", *Tú*, Año 2, Nº 10, October 1982, p. 6.
p. 142	Exercise A, adapted from information taken from "¿Dolor de espalda? ¡Su bolsa puede ser la culpable!", *Buenhogar*, Año 22, Nº 12, June 2, 1987, p. 8
pp. 149	Exercise I, adapted from information taken from "Quemando calorías ¡sin sentirlo!", *Buenhogar*, Año 22, Nº 8, April 7, 1987, pp. 30-32.
p. 153	Article taken from *Cambio16*, Nº 844, February 1, 1988, p. 112.
p. 160	Bar graph based on information taken from *Cambio16*, Nº 810, June 8, 1987, p. 114.
p. 163	"La Ronda" advertisement, from La Ronda, P.O. Box 3406, Tegucigalpa, M.D.C., Honduras.
p. 170	Telegram, from Caja Postal de Ahorros **Correos**, Madrid, Spain.
p. 175	Tourist information form, from Secretaría de Gobernación, Dirección General de Servicios Migratorios, Ave. Juárez, Nº 92 - 2o. piso, Mexico, D.F.
p. 179	Wendy's coupon, from Wendy's of Orense, Spain.
p. 193	"Vuélvase loco" advertisement, from Fiesta Americana, Los Ángeles Locos, Km. 20 Carretera Melaque-Puerto Vallarta, P.O. Box 7, Melaque, Tenacatita, Mexico.
p. 194	Exercise A, based on information taken from "Cómo se prepara el curriculum" in "Cómo buscar trabajo", by G.B. Hernández, *Tú*, Año 8, Nº 6, June 1987, p. 39.
p. 197	Death notices, from *El Mercurio*, May 8, 1987, p. C8.